Sentences

Gustavo SAINZ

Sentences

Traduit de l'espagnol par Hélène Rioux

roman

XYZ
éditeur

La publication de cet ouvrage a été rendue possible grâce à l'aide financière du ministère de la Culture et des Communications du Québec (MCCQ) et de la Société de développement des entreprises culturelles (SODEC).

Édition originale : *A troche y moche*, México, Alfaguara, 2002

© 2005
XYZ éditeur
1781, rue Saint-Hubert
Montréal (Québec)
H2L 3Z1
Téléphone : 514.525.21.70
Télécopieur : 514.525.75.37
Courriel : info@xyzedit.qc.ca
Site Internet : www.xyzedit.qc.ca

et

Gustavo Sainz

Dépôt légal : 4ᵉ trimestre 2005
Bibliothèque et Archives Canada
Bibliothèque nationale du Québec
ISBN 2-89261-414-7

Distribution en librairie :
Au Canada :
Dimedia inc.
539, boulevard Lebeau
Ville Saint-Laurent (Québec)
H4N 1S2
Téléphone : 514.336.39.41
Télécopieur : 514.331.39.16
Courriel : general@dimedia.qc.ca

En Europe :
D.E.Q.
30, rue Gay-Lussac
75005 Paris, France
Téléphone : 1.43.54.49.02
Télécopieur : 1.43.54.39.15
Courriel : liequebec@noss.fr

Droits internationaux : André Vanasse 514.525.21.70, poste 25
andre.vanasse@xyzedit.qc.ca

Conception typographique et mise en pages : Édiscript enr.
Maquette de la couverture : Zirval Design
Illustration de la couverture : Frida Kahlo, *Ce que l'eau m'a donné*, 1938

1

Éclipse totale et la fête des boxeurs

Le malheureux pense que l'infini est à l'intérieur de nous et non au-dehors

Surpris d'y penser en ce lieu, attaché et aveugle depuis des heures ou des jours ou des semaines, sale et déconcerté, effrayé, furieux, impuissant

Impressionné par le silence

Un silence incroyable, sans fin, évoquant un être au repos, incréé, éternel, comme s'il ne pouvait exister autre chose, comme s'il n'y avait que le silence

De grands blocs de silence qui l'empêchaient d'évaluer les dimensions du lieu où il se trouvait, la particularité de ce lieu, les dimensions de la maison ou de l'appartement où seules les émissions de Cristina qu'ils écoutaient dans l'autre pièce, à quelques murs de distance, lui permettaient de mesurer le temps

Dans ce silence et cette obscurité, ce n'était pas la mort qui l'horrifiait, c'était de continuer à vivre

Il avait lu qu'en Inde le temps s'appelait Kala, un mot semblable au nom de la déesse Kālī, et que tous deux signifiaient *noir, sombre*

Et que notre ère séculière, qu'on appelait maintenant le Kali-Yuga, se traduisait par l'âge des ténèbres

Mais il n'y avait sûrement pas d'émissions de Cristina la fin de semaine, et il ne lui restait alors que le repas occasionnel, parfois trop fréquent, parfois après de longues périodes de faim et de désespoir, ou que ses cris parce qu'il avait besoin de déféquer ou d'uriner, les pas pressés dans l'escalier

Une ou deux femmes parmi eux, le bruit des talons, reconnaissable entre tous, ou la violence d'un homme qui lui détachait les chevilles pour lui permettre de se redresser

Ils ne lui répondaient jamais

Il se plaignait du bandeau trop serré sur ses yeux, des ulcérations à ses poignets et à ses chevilles, de la soif et de la faim

Mélancolique, inutile, déprimé, effrayé

Jusqu'au XVIIIe siècle, l'Église interdisait de faire l'amour la nuit de peur que les enfants nés d'une telle union ne fussent aveugles

Mircea Eliade répondait que le temps était noir parce qu'il était irrationnel, inhumain

Nous idéalisons ce que nous ne possédons pas

Brusquement, contre sa volonté, on lui avait supprimé ses projets quotidiens, retrouver sa femme, recevoir son prix, voir ses amis, accorder des entrevues et rentrer chez lui, par-dessus tout rentrer chez lui

Pourquoi ne pas tenter de construire des mondes narratifs aussi complexes, aussi contradictoires et provocateurs que le monde réel ?

Son véritable travail serait la création de son propre paradis

Il ne faut pas réveiller le chat qui dort, qui disait cela ?

Paul Bénichou avait publié une série de livres consacrés à l'histoire des artistes comme prêtres laïques

Tout lui faisait mal

Le monde avait perdu ses transitions et ses virtualités

Platon avait vingt-neuf ans à la mort de Socrate

Dans un tableau de Jacques Louis David sur la mort de Socrate, exposé au Musée Métropolitain de New York, Platon apparaissait assis au pied du lit où agonisait son ami, avec un parchemin et une plume à côté de lui, témoin muet de l'injustice de l'État

S'il pouvait le penser, ce n'était pas ce qu'il voulait

Les paroles des sages devraient être comme de grandes aiguilles

Comme des clous bien enfoncés

Réduit en ce lieu, la gorge douloureuse d'avoir tant crié, déshydraté, malade, parfois déprimé, parfois en colère, épuisé et mélancolique

Fatigué déjà de protester, soumis dans cette obscurité qu'il sentait comme antérieure au Moi et au langage même, furieux, embrouillé, soumis là dans sa nuit homérique, dans son obscurité, borgésait-il, comme antérieure aux êtres humains et aux formes

Ce que Michaux appelait *le transréel*

On disait d'Homère qu'il était l'homme des sept villes et l'on suppose qu'il était aveugle parce qu'en lui l'auditif dominait, et que ses motifs visuels étaient toujours obscurs et embrumés

Les Égyptiens croyaient qu'imaginer quelque chose, c'était le rendre réel

Si seulement il en était ainsi

La poésie épique d'Homère accentuait la suprématie de l'espace et décrivait un monde sans cosmogonie ni création

L'art avait un pouvoir

Chez Homère, il y avait une indifférence totale au temps

Il avait lu que, chez Homère, on ne trouvait jamais « le temps » comme sujet d'un verbe

Que si la poésie homérique était inspirée par le temps en termes de durée, en termes d'avant ou d'après, de vie et de mort, de destin, de jeunesse et de vieillesse, et en ce qui a trait à la succession des jours, elle ne l'était pas en termes de temps comme processus continu universel ou propriété abstraite du monde

Combien de jours resterait-il assis là, sans se laver, sans changer de vêtements, entravé, embrouillé, diminué, introuvable ?

Qui là-bas, dehors, le demanderait, le chercherait, déplorerait son absence, qui s'inquiéterait ?

Où pouvait être sa femme ?

La mort serait-elle ainsi ?

Une obscurité complète ?

Une inclémente lucidité ?

Cette immobilité inconfortable ?

Il se rappelait avoir entendu, à la télévision qui se trouvait à l'étage inférieur, Cristina parler de voyages astraux, de jeunes qui poursuivaient et qui étaient poursuivis, de personnes qui en accusaient d'autres de les ensorceler, des panélistes honnis contre des accusateurs idiots, cinq émissions ? non, six, parce qu'il y avait aussi celle des vieillards de quatre-vingts ans sortant avec des filles de vingt ans, huit ou neuf jours alors, et cela si l'on supposait qu'il les avait toujours entendues et que ses ravisseurs les regardaient toujours, six ou sept jours, jusqu'à quand ?

Jusqu'à quand allez-vous me garder ici ? cria-t-il. Qu'est-ce que vous attendez ?

Mais personne ne répondit, on ne lui répondait jamais

Il était seul dans cette pièce ou cette maison et il ne savait pas si c'était le jour ou la nuit, ou jeudi ou mardi, ou tard ou tôt

Il lançait ses questions et ses plaintes, vers nous peut-être

Sinon, vers qui ?

Il n'y avait ni demain, ni après-demain, ni semaine prochaine, il n'y avait qu'un maintenant, cette obscurité, cet inconfort, cette ignorance, cette angoisse

Où étaient tous ceux qu'il était ?

L'obscurité se transformant constamment en une autre obscurité

Il ne pouvait même pas ouvrir ses yeux pressés sous le bandeau qui le blessait

Parfois, une masse rouge semblait se déplacer

Quelque chose de différent de la couleur, comme une lumière imaginaire, comme des flashes, mais soumettant la masse noire, le paysage noir, le bandeau noir, l'univers noir

Modigliani mourut de tuberculose dans un hôpital sordide

Aveugle comme une taupe

Jack Kerouac croyait que l'écriture était une forme d'expression sexuelle, et plus grande était l'émotion libérée, telle

la décharge électrique de l'orgasme postulée par Reich,
plus satisfaisante serait l'expérience
Pour Reich, les contraintes que la civilisation imposait à
l'orgasme affaiblissaient tous les aspects de la vie et de la
pensée, tandis que, pour Kerouac, les contraintes critiques et académiques imposées à la forme narrative
étaient destructives pour l'écrivain et pour son œuvre
D'après lui, la prochaine étape de la littérature serait comme
un fluide bioélectrique, comme l'orgasme du centre de
l'esprit et le joyau central de l'intérêt de la mémoire, ou
la vision de l'intérieur vers l'extérieur, semblable à la
venue à l'objet de l'amour en une grande vague de langage frénétique et impulsif
Walt Whitman écrivit qu'il exprimait l'électricité du corps
Il est dans la nuit vaine celui qui compte les syllabes, borgésa-t-il
La nuit unanime, borgésa-t-il
Voici la nuit aux dents longues et au regard acéré, la nuit qui
ravage avec un silex invisible, octaviopazisa-t-il
Homère décrivait l'antique et mythique tribu des Cimmériens,
un peuple qui habitait un espace où régnait l'obscurité
perpétuelle
Le langage hermétique était un *obscurium per obscurius*, par
l'intérieur vers les origines
En 1983, l'armée des États-Unis évalua que mille kilos de
sarin, un gaz neuroplégique, vaporisés sur une région
urbaine par une nuit tranquille, tueraient entre trois mille
et huit mille personnes
Un dixième de cette quantité, soit cent kilos d'anthrax, distri-
bué dans des conditions similaires, tuerait probablement
de un à six millions de personnes
Les ténèbres exprimaient toujours l'état des puissances non
développées qui donnaient lieu au chaos
Il se rappela son voyage en avion, le voyage en voiture jusqu'à
l'aéroport, l'hôtesse de l'air aux hanches alvéolées, les
sièges vides à sa gauche, l'allée à sa droite
Quand il sortit de chez lui, il faisait encore nuit
Balzac disait que tout pouvoir serait ténébreux ou ne serait
pas, ainsi toute puissance visible est menacée

Il était en train de lire *Cool memories* de Jean Baudrillard, et
il ne cessait de souligner des passages

Il souligna : *Le secret de la vie est là : combien reconnaîtriez-*
vous de visages, de corps en les caressant les yeux fer-
més ? De qui accepteriez-vous quoi que ce soit les yeux
fermés ? Vous-même, avez-vous déjà fermé les yeux, vous
êtes-vous conduit aveuglément, avez-vous aimé aveuglé-
ment et pressenti dans le noir le détour tactile des idées ?

Où pouvait être resté ce livre ?

Ses amis l'avaient accueilli à l'aéroport et ils avaient bavardé
avec animation en se rendant à la Maison d'édition, il se
faisait tard pour une conférence de presse

Comment supposer que cette obscurité l'attendait ?

Il laissa sa valise et la housse à habits dans un placard du
bureau du directeur de la Maison d'édition

La croyance en la prédestination, selon laquelle nous sommes
prisonniers de la fatalité, est l'une des idées les plus
étranges et les plus répandues

Cette croyance était si puissante qu'elle avait alimenté les
mythes, le savoir populaire et les religions

De l'entrevue et des photographes, il se rappelait seulement
les flashes, une certaine voracité, une grande énergie et
les questions banales de toujours, les gestes habituels,
conspirateurs, solidaires, dépendants, limités

Quelques visages

Les sens, par contre, étaient inépuisables

C'était pourquoi les mêmes histoires se répétaient et changeaient pour que chaque fois on découvre, en une lente
rotation, une nouvelle terre et un nouveau ciel de sens

Héraclite disait que ceux qui dorment habitent des mondes
séparés, et que ceux qui sont réveillés habitent le même

Quand il demanda d'aller aux toilettes et qu'il eut la chance
d'être entendu, ils lui délièrent les jambes attachées à la
chaise et à ses mains, mais ils ne détachèrent pas ses
mains ligotées ensemble, et ses mains à demi libérées lui
permirent une certaine marge de manœuvre, pour défaire
la fermeture éclair de sa braguette, par exemple, et soutenir son pénis

L'accompagneraient-ils aux toilettes lorsqu'il irait déféquer ?

Une fois là, il essaya d'enlever le bandeau sur ses yeux et ils le rouèrent de coups

Pendant longtemps, ils ne revinrent pas pour le conduire aux toilettes et il fut obligé d'uriner sur lui, assis

Il souffrait de plus de constipation et cela l'indisposait

Au début du XIVe siècle, Philippe le Bel détruisit l'ordre des Templiers

Il avait de la fièvre : le temps se vidait de minutes, de secondes, d'heures

Personne ne vivait dans le présent immédiat

Nous mettions tous en rapport les mots et les événements grâce à l'agglutination de la mémoire personnelle et collective

Il souffrait de tremblements et de frissons, de courbatures, de toutes sortes de crampes

Après l'entrevue avec les journalistes, ils allèrent manger dans un restaurant polonais où on avait amené le pape quand il était venu au Mexique

Le pape volait aux quatre coins du monde comme un professionnel

Un apostolat du jet

On lui expliqua que le président de la Maison d'édition n'avait pas signé le chèque de son prix, mais qu'il était en route pour México et qu'il arriverait le lendemain à midi, ils pourraient manger ensemble encore une fois

Mais comme il était impossible de reporter la cérémonie, on lui remettrait une enveloppe qui ne contiendrait pas de chèque et, le lendemain, on pourrait le lui apporter à son hôtel, ou il pourrait venir le chercher à la Maison d'édition, à son gré, il n'y avait aucun problème

Le malheureux avait trouvé cela amusant

Ils lui demandèrent quand il voulait signer les exemplaires destinés aux critiques, il répondit que ce qu'on faisait vite il fallait le faire mal, et bien qu'il fût déjà tard, après le repas, ils retournèrent au bureau

Il fut impressionné par le design de l'ascenseur

La comtesse Báthory torturait de jeunes paysannes, et quand on la captura, on l'enferma dans l'obscurité totale, dans un silence absolu, et on creusa dans le mur pour faire passer les aliments

Les bains de sang qu'elle avait pris lui donnèrent suffisamment d'énergie pour survivre deux ans dans ces ténèbres, parmi ses déjections

À la fin des années quarante, Samuel Beckett avait écrit *Molloy*, *Malone meurt*, *L'innommable* et *En attendant Godot* en moins de deux ans

Sa femme, qui était couturière, subvenait à ses besoins

James Joyce se vantait de n'écrire qu'une phrase par jour, et c'est pourquoi il mit onze ans à écrire *Ulysse* et seize à écrire *Finnegans Wake*

Hésiode était un poète agriculteur dans la Béotie du VIIIᵉ siècle avant Jésus-Christ

Eliot dit que les poètes immatures *imitaient* et que les poètes mûrs *volaient*

Il croyait parfois entendre quelqu'un respirer près de lui

Il demandait si quelqu'un était là et on ne lui répondait jamais

Maurice Ravel mourut d'une tumeur au cerveau

L'une des raisons du succès d'Homère dans la formation des idéaux grecs pourrait avoir été sa conscience peu commune de la mortalité et, par conséquent, de l'héroïsme comme moyen de s'approprier la mort

Écriture rapide, nerveuse, secouée par des courants électriques, écriture avec des dents et des griffes et des ailes

Il signa plus de cent exemplaires de son roman primé et il faisait tourner sa main droite comme pour la désengourdir, comme pour rétablir la circulation

C'est alors qu'entra le directeur en le pressant de sortir pour se rendre à la cérémonie

Il entra dans son bureau et se changea

Il mit un complet de soie si ajusté qu'il ne pouvait emporter ni ses clés, ni son portefeuille, ni son stylo

Il décida même de laisser là sa montre-bracelet de peur d'égratigner la soie

Ne t'en fais pas, lui disait le directeur, à la fin, nous viendrons chercher tes bagages et nous te ramènerons à ton hôtel, tu n'auras besoin de rien

Ils semblaient tous nerveux, fébriles, explosifs, tendus

Elías Nandino utilisait une montre-bracelet que Gorostiza lui
avait offerte quand il était à l'agonie

Un contemporain d'Averroès, le philosophe mystique chrétien
Joaquín de Fiori, de Calabre, soutenait une idée apocalyptique proche du temps et de l'histoire

L'opposition entre, d'une part, les créationnistes et Tertullien
et, d'autre part, la position d'Averroès proche d'une âme
collective et indestructible était manifestement celle de
l'être face à la venue à l'être

Ses poignets lui faisaient mal et son pantalon de soie était en
loques, nauséabond, fichu

Prince démuni, sujet glorieux avec un passé détruit

Il appartenait à une histoire, mais à une histoire déchue, inconnue, illisible

Son passé sans avenir n'était pas un passé historique, mais un
souvenir, rendu si présent par son absence d'avenir

La première femme, selon Hésiode, fut Pandore

Zeus l'envoya à Prométhée en guise de représailles

Mais Pandore séduisit le frère de Prométhée

Il avait froid, il frissonnait, il avait faim, il tremblait, il se sentait faible, vulnérable, déconcerté, il avait peur, une peur
angoissante, dense, interminable

Et par-dessus tout, il sentait que ses dents étaient sales, il passait parfois la langue autour d'elles

Il avait les lèvres sèches, gercées, presque sanguinolentes

En ouvrant la boîte avec laquelle les dieux l'avaient envoyée,
Pandore nous donna la douleur, les inquiétudes et tous les
maux

L'obscurité le contemplait

Une obscurité antérieure à Prométhée

Le lecteur aux yeux bandés, attaché, ne pouvait mettre l'obscurité à l'épreuve, mais c'était lui qui était mis à l'épreuve
par l'obscurité

Le silence semblait le contenir entièrement à l'intérieur de lui-
même, il n'y avait aucun espoir en rien, il existait toujours totalement, et toujours il remplissait cet espace où il
se trouvait contre sa volonté

Il y avait eu une réunion qui avait brisé le silence

Quelques jours plus tôt ou quelques heures plus tôt ?

Il se rappelait les coups sur la porte, le bruit de la sonnette, celui
des pas, les voix, les rires, et plus tard la musique qu'on
avait jouée, une guitare, une basse électrique, un bongo,
l'animation, les chansons, une bouteille qui s'était brisée et
le bruit habituel des verres et des glaçons entrechoqués

Lui, attaché là, une fête au-dessus et au-dessous de lui

Il croyait distinguer les voix de sept, huit personnes, mais elles
étaient peut-être plus nombreuses

Que pouvaient-ils bien célébrer ?

Non, monsieur, disait quelqu'un, nous n'avons été ni des titans
ni des surhommes, nous étions des boxeurs, c'est tout

Le plus pénible dans le combat, ç'a été quand cet imbécile est
tombé et qu'il a accusé le Cubain de lui avoir donné un
coup bas interdit

Il paraît qu'un Indien lui a donné une formule et qu'il a fait
breveter un liniment très efficace pour guérir les gens
paralysés

Au deuxième round, je ne voyais plus rien, tout était flou et cet
estropié-là était une tache d'où sortaient des crachats et
des insultes

Le combat commença à onze heures du soir

Regardez-les, on dirait qu'ils montent sur le ring pour se faire
des caresses

Ils avaient tous l'air de se connaître, boxeurs, arbitres,
sparring-partners, masseurs et fanatiques, réunis là pour
voir un match à la télévision

Mais ils ne firent aucune allusion à son enfermement, ne pro-
noncèrent aucun mot comme *séquestration* ou *rançon*, ni
rien qui puisse éclairer sa situation

Le *maintenant*, l'*instant éternel* de Jaspers et le *moment
présent* de Maître Eckhart

L'obscurité était un fondement, mais elle était aussi un abîme

Regarde, le plus difficile, c'est d'accepter que tu vas perdre
avant même de monter sur le ring

L'obscurité était un puits, et le puits était un abîme

Tu dois perdre

Les conjugaisons du noir
Son corps écoutait cette conversation de gymnase
Il n'y avait pas de femmes ?
Amenez-moi de l'autre côté de la nuit, pazisa-t-il
Son présent était irréparable, sans espoir d'aucun réconfort
La nuit des yeux du cheval qui tremblent dans la nuit, octaviopazisa-t-il de nouveau
Il avait l'impression qu'à l'intérieur de lui un démon le secouait comme une marionnette
Rómulo Gallegos embauma son épouse et l'installa dans une chaise berçante
Mais il lui poussa des champignons, on l'enduisit de pommade pour la guérir et sa peau fut consumée
Georg Trakl mourut d'une surdose de cocaïne
Sa sœur Margarete se suicida de la même manière, et il y avait des signes d'inceste
Cette obscurité était inépuisable, sans fond, et ses souvenirs ne cessaient pas
Pascal était hypocondriaque
Si naturellement naissaient ses pensées du sein du silence, et si secrètement, qu'on aurait dit qu'il n'y avait que le silence à l'envers, l'envers du silence
Telles étaient, précisément, ses pensées
L'envers du silence
Comme si le silence était le présent de ses pensées
Dans tous ses mots, il y avait quelque chose du silence, comme un signe indiquant que la parole naît du silence
Combien de fois quelqu'un commence-t-il à parler, les mots recommencent-ils à naître des entrailles du silence
Il crut qu'il venait de se réveiller
Il sentait la faim, il sentait la soif, il se sentait angoissé et sans forces
Il avait joué à la passion, à la tendresse
Il jouissait pour cesser de jouir, sa volupté était une guillotine, quand son désir culminait, c'était qu'il avait disparu
Ô invisible habitant de l'invisible !
Il sentait la chaleur des corps qu'il n'étreindrait jamais plus
Sa faux était cachée dans son cœur

Il aurait aimé se rappeler toutes les pages qu'il avait lues et, comme s'il agitait une canne blanche, il sondait le fond de sa mémoire maltraitée

Tous ceux qu'il avait perdus dans les recoins sombres de sa vie

Il devait les retrouver, l'un après l'autre

L'obscurité lui rappelait la promiscuité des corps aimés, la promiscuité tactile des objets, la confusion des désirs dans le sommeil

Me voici donc, nervalisa-t-il, moi, le brillant comédien d'hier encore, le prince ignoré, l'amant mystérieux, le déshérité, l'exilé de l'enthousiasme, le beau ténébreux

Telles étaient les qualités fondamentales de ses nuits

Novalis mourut de tuberculose à l'âge de vingt-huit ans

Gauguin tenta une fois de se suicider à l'arsenic, mais il vomit

Les romanciers inventent tous ces personnages parce qu'ils ont peur d'être face à eux-mêmes

Il était en train d'écrire un roman et on lui téléphona pour savoir s'il avait un projet inédit

Il s'agissait d'un concours littéraire international et l'on ne pouvait s'y soustraire

Ils voulaient voir son roman

Le malheureux expliqua que le roman n'était pas terminé, que c'était un *work in progress*, qu'il se savait pas quand il serait achevé

Mais ils insistaient et il n'était pas capable de résister, ils lui offraient trop de choses très alléchantes

Il se souvenait d'avoir dit que l'artiste n'était ni la mère ni le père de ses œuvres, mais leur fils, il serait plutôt leur fils

Et il n'avait même pas de titre

Il cita Montale

C'est la seule chose que nous pouvons vous dire aujourd'hui

Ce que nous ne *sommes* pas, *ce que* nous ne *voulons* pas

Quelques jours plus tard, ils étaient auprès de lui

La jeune et belle éditrice arrivait de México, elle avait fait une correspondance au Canada

Le directeur de la société venait de Madrid et, lorsqu'il le salua, il lui laissa une pièce d'or dans la main

Ils avaient beaucoup apprécié le trajet depuis l'aéroport

Ils feuilletaient son manuscrit avec satisfaction, avec ravissement

Complots, tourbillons, projets, promesses, révélations, irréalités

Ses mots ne sortaient pas de sa frayeur

Orion surgissait à l'aurore de l'équinoxe du printemps

Commencement de tous les commencements

Premier mouvement du temps

Le vocabulaire contenu dans toutes les œuvres de Shakespeare totalisait 29 066 mots différents

Comment pouvait-il se souvenir de cela en ce moment, dans cette situation ?

L'*Ulysse* de Joyce en contenait légèrement plus, 29 899 mots différents

Evelyn Waugh fut retrouvé mort dans sa baignoire

Ses lacérations l'exaspéraient et il s'immergeait et s'enfonçait dans les béances de ces plaies

Il signalait constamment les mutilations que lui avait infligées la vie

Ah ! gestes emphatiques et choquants !

À l'étage inférieur, ils regardaient un film à la télévision dans lequel une explosion se produisait

On avait créé des armes de destruction massive en même temps qu'on créait une culture médiatique qui se délectait d'images de violence destructrice

La planche IV de Rorschach provoque toujours un choc noir

Il avait lu qu'elle produisait une impression dysphorique générale et que celui qui la regardait se sentait embrumé par la noirceur de la planche, impressionné par l'obscurité et une sorte de tristesse

Les fantasmes apparaissaient toujours la nuit

Aveugle comme Éros-Cupidon, comme Œdipe, comme tant de rois antiques dans tant de contes

Immobilisé et souffrant, tentant de ranimer des images qui lui donneraient la force d'espérer Dieu savait quel dénouement

Le Prince des Ténèbres

Aventures et infortunes se dissipant

Ranimer le passé comme une hallucination

L'idéal grec était l'intelligibilité, incarnée et représentée mieux que tout en celui qui se maintient identique à lui-même, à savoir celui qui s'en tient aux lois

Comme le mouvement circulaire des cieux ni infinis ni incorruptibles

Dans la mesure où le singulier, le contingent ou l'inattendu n'étaient pas susceptibles de s'adapter à la régularité, l'unique et l'imprévisible étaient considérés comme des aspects inférieurs de la réalité

Son enfermement en ce lieu devait un jour prendre fin

Les Grecs admiraient le permanent, le rationnel, le beau, le grandiose

Il avait lu *La leçon de musique*, un roman de Pascal Quignard

Et il y avait lu que le coït des grenouilles durait trois semaines en cas d'éjaculation précoce et quatre semaines en cas d'éjaculation normale

Sándor Ferenczi disait que, de cette manière, la grenouille prolongeait le rêve d'une régression ininterrompue vers le cloaque maternel

Il ajoutait qu'il était nécessaire de placer les grenouilles bien au-dessus de nous dans l'échelle des êtres, et de vénérer, comme s'il s'agissait de déesses, ces petits anthropoïdes verts dont le spasme se prolongeait pendant un mois et provoquait l'admiration jalouse des hommes

Il fut envahi par un désir mélancolique d'ordre absolu

Le manque pesait entre ce qu'il possédait et ses expériences magiques

Ses expériences mythiques, fantastiques, paradisiaques, hallucinantes, extraordinaires

Les expériences parfaites de ce qu'il avait possédé et perdu

Ligoté et aveugle

Dans l'obscurité totale, affamé

Déchiré de ne pas savoir

Angoissé de ne pas pouvoir bouger

Héraclite avait déclaré presque trois mille ans auparavant que l'harmonie de l'univers, c'est-à-dire de toutes les choses, était cachée

Quand le réel était resté submergé dans l'espace et dans le temps, il ne restait plus que cette chambre noire où vibraient ses paroles

Transi de froid et d'incertitude

Abandonné et troublé

Prisonnier et seul

Toute cette horreur comme si c'était une conséquence tardive

Une conséquence de quoi ?

Il ne le savait pas, il ne comprenait pas, il était confus et embrouillé

Dans un non-lieu

Dans qui savait quel endroit

Où il avait cessé d'être

2

L'amante sans nom,
le voyage et l'enlèvement

Il se sentait inconsolable à cause de la fragilité de son corps,
de la volubilité de l'amour, de l'absence de vérité qui,
dans une large mesure, dominait la vie publique, des
abandons et des revers de l'amitié, de l'insensibilité
qu'entraînait l'habitude, de son enfermement et de son
immobilité, et de mille autres incertitudes qui le déses-
péraient

Ridicule et insignifiant et comme prêt, malgré sa colère
évidente, à être brisé, écorché, condamné sans espoir, mis
en pièces

Et cela commençait à peine, et cela semblait ne jamais devoir
s'arrêter

Dévasté, abandonné là, aveuglé, abattu, blessé, ses membres
transis, disloqués, déplacés

Dépouillé, isolé, blessé, brimé, condamné sans espoir, acculé,
appauvri

Et à jeun

Ainsi avait été sa vie : tomber sept fois et se relever huit fois

Râles et larmes

Gémissements

Il semblait s'être avec tant d'acharnement consacré au
malheur

Maintenant, oui, comme tous les êtres humains, qui ne se consacrent à rien d'autre avec plus d'enthousiasme

Comme un pantin aux ficelles emmêlées

Un pantin mou, plein de poussière et de toiles d'araignée, manipulé par un marionnettiste ivre

Sans qu'on lui témoigne aucune pitié, obligé de souffrir, d'entendre, d'imaginer, de se lamenter

Écouter, c'était obéir

Plusieurs parlaient en même temps, ses voix intérieures se mêlaient, se contredisaient, discutaient

La raison était un appel bref, et l'univers, une immense nuit noire

Le silence était posé non comme une espèce préhistorique qui subsistait, mais comme un animal vivant

Il était assis sur l'ample dos du silence

La banalité quotidienne

Fellini faisait du réel un spectacle, il le rendait spectaculaire, et celui-ci le fascinait réellement

Le subjectivisme complice de Fellini

Quand tout est dit, quand la scène capitale paraît finale, il manque toujours ce qui vient après

C'était comme si le réel et l'imaginaire couraient l'un derrière l'autre, se reflétant l'un dans l'autre à tour de rôle jusqu'à ce qu'on ne puisse plus distinguer lequel était lequel

Jusqu'à ce que sa langue délire

Son récit ne pouvait se lire qu'en filigrane, à travers des images qui étaient une conséquence et non un acte

Déjà il ne savait plus si les événements étaient présents ou passés, imaginaires ou physiques

Proust, parlant de Gérard de Nerval, affirmait qu'un rêveur médiocre ne retournerait pas voir les lieux qu'il avait connus en rêve, car il ne s'agissait que d'un rêve, alors qu'un véritable rêveur lutterait pour les reconstruire, justement parce qu'il s'agissait d'un rêve

Ozu disait que la vie était simple et que l'homme ne cessait de la compliquer en *agitant l'eau dormante*

Il n'était pas mort, puisque sa vie n'avait pas encore défilé devant ses yeux

Après vingt-six transfusions de sang, Jack Kerouac mourut
dans un hôpital d'une hémorragie due à la rupture de
varices œsophagiennes
Hésiode, dans sa *Théogonie*, fit une description des origines du
monde *ex nihilo* et raconta comment naquirent les dieux et
la terre, les fleuves et la mer limitée par de hautes vagues

Marée solitaire, non pas mariée

Les hautes vagues et les astres brillants
Au commencement, il n'y avait que trois dieux primigènes,
Chaos, la Terre au sein ample, puis Éros
Pour Hésiode, l'Histoire était une dégénérescence, le bannis-
sement du divin
L'homme était captif entre deux Érinyes
Éris, la déesse grecque de la Discorde, de l'Injustice et de la
Cruauté
Et sa sœur responsable de la diligence et de l'ambition
Le temps humain restait caractérisé par la tension entre ces
deux forces en conflit
La poésie épique d'Homère était inspirée par le temps en
termes de durée, mais non comme processus continu uni-
versel
Chez Homère, le *temps* n'est jamais le sujet d'un verbe
Sur la rive gauche de la Seine, la splendeur gothique des rues
médiévales, le quai
Corneille, l'avenue Jeanne-d'Arc et la place du Marché
Depuis quand habites-tu ici ? demanda le directeur de la Mai-
son d'édition
Et la jeune éditrice qui l'accompagnait demanda ce qu'était
cet édifice sur la rive opposée
Le Conseil général de la Seine-Maritime, expliqua le mal-
heureux
Deux se tenaient compagnie, mais trois formaient un couple

Le directeur se mit à baver et à se répandre en éloges à la vue de quelques Françaises à bicyclette

C'était un homme énorme, très grand et très gros, et quand il lui serra la main, il lui laissa une pièce d'or dans la paume

Le malheureux les invita à manger une truite à la sauce amandine, une bouillabaisse, une raie au beurre noir, une *mousse** aux framboises avec une sauce au chocolat et un *soufflé** également au chocolat

Depuis qu'il vivait à Rouen, il ne mangeait et ne buvait jamais rien qui ne fût cité dans l'œuvre de Proust

*La cuisine retrouvée**

Ce qui était le plus frappant chez Proust, c'était le mélange de la sensibilité la plus exacerbée et de la ténacité la plus absolue

Il traquait les nuances d'une feuille séchée jusqu'à l'ultime tache

Il avait commencé par écrire la fin de son épopée intime, *Le temps retrouvé*

Le futur de son récit était antérieur au récit, il en représentait la clé et l'origine

La jeune éditrice fut la première à lui demander son manuscrit

Le directeur dit qu'à son âge, boire une bière bien fraîche pouvait se révéler plus satisfaisant que faire l'amour

La lutte du bien contre le mal, murmura la jeune éditrice tandis qu'elle feuilletait son manuscrit, il n'y a rien de plus trivial

Un synopsis de trivialités

Le romancier, comme l'homme de science, ne construit pas une maison, se défendit-il, il n'en pose pas non plus les fondations, disons simplement qu'il se charge du ménage d'une pièce et, plus précisément, d'une chambre à coucher

Le papa de T. S. Eliot fabriquait des briques

Les problèmes du romancier résultaient d'un mauvais usage de la grammaire, d'une mauvaise compréhension de la réalité, et ils ne demandaient pas une solution, mais une dissolution

---

* Les mots en italique suivis d'un astérisque sont en français dans le texte.

La jeune éditrice le regardait avec extase

La méthode pour résoudre ces problèmes ne consistait pas à élaborer de nouvelles théories, mais à assembler des cartes-souvenirs des choses que nous connaissons tous

Elle portait un tailleur noir, elle avait un corps harmonieux et des jambes de concours de beauté

Désormais, les romans se réduisaient à un exercice d'adresse, et l'auréole du romancier était en train de disparaître

Déchiré entre la nécessité de résister à l'assimilation et la nécessité de s'adapter, conclut le directeur

La jeune éditrice s'attarda sur une page, elle éclata d'un rire franc, continua à lire et se remit à rire

Elle prit alors les feuillets et alla s'installer dans un fauteuil, absorbée par la lecture

Le directeur lui demanda si on pourrait leur servir encore de ce *soufflé** et ajouta qu'il se sentait comme à Combray

À l'ombre des jeunes filles en fleurs ?

Henry Miller disait que s'il devait renaître, il renaîtrait sous forme de parc

Le désir de Nietzsche était d'être un animal marin heureux et indifférent

La jeune éditrice se leva du fauteuil et trébucha en venant montrer au directeur un paragraphe qui avait attiré son attention

Ses personnages pouvaient agir, percevoir, expérimenter, mais ils ne pouvaient témoigner des rapports qui les déterminaient

La jeune éditrice tournait les pages avec une certaine gaucherie et indiquait les passages qui l'enthousiasmaient

Le malheureux écrivain regardait ses jambes

Cassavetes disait qu'il s'agissait de défaire l'espace non moins que l'histoire, l'intrigue ou l'action

Comment nous défaire de nous-mêmes et nous défaire nous-mêmes ?

Dans notre vie érotique, l'incertitude est délice, la gaucherie, passion

Ses voix intérieures se taisaient, recommençaient, s'inversaient, accéléraient ou ralentissaient

La maman de Proust l'appelait « mon petit loup », à cause de son avidité affective

Si le sexe nous amène à la famille, c'est aussi le sexe qui nous sort de la famille

De la tristesse à la colère, du doute à la certitude, de la résignation à la révolte

Bergson distinguait comme modèles seulement trois fluides : celui de la conscience, celui de l'eau qui court et celui de l'oiseau qui vole

La jeune éditrice leva la tête et regarda fixement son commensal pour demander : Et pourquoi le condamnent-ils à mort ?

Le malheureux auteur du manuscrit dont on parlait déclara : Nous sommes tous condamnés à mort

Ce que nous produisons continuellement, ce ne sont pas des erreurs, mais des vies alternatives

Il aurait aimé être le romancier du corps féminin

D'un désir anarchique et doux

Lorsque nous nous trompons, nous sommes tous les transgresseurs que nous pouvons être

Sartre et Albert Schweitzer étaient cousins

Il croyait entendre des voix venues du passé, qui exigeaient d'être reconnues

Il sentait à l'intérieur de lui des vies qui se disputaient la possibilité d'être vécues

Il ne pensait pas entre une pensée et une pensée

Winnicott appelait « réalité » quelque chose qui se trouvait autour de ce qui pouvait se rêver

L'oubli n'existait pas, il n'existait que le souvenir, ou, pour être plus précis, ce que nous oublions n'existe pas, seul existe ce dont nous nous souvenons

Lire un livre représente une version tardive de l'amour maternel, une espèce de processus alimentaire visuel

Nous parvenons à lire, mais nous ne sommes pas nous-mêmes qui lisons

Le passé, le présent et l'avenir restent séparés les uns des autres, ils se dérangent les uns les autres et refusent de former une unité

Après un moment, la jeune éditrice lut à voix haute quelques
lignes du manuscrit

Elle admirait

ses points de vue

équivoques,

les hyperboles

et les ellipses,

les clairs-obscurs

et les ambivalences,

les effets lumineux

et sonores,

la simulation

des odeurs,

les étincelles

d'adjectivation paradoxale, les métaphores singulières, l'hyperréalisme, le grotesque, le dramatique et le métalittéraire

C'est au moment où l'on s'y attend le moins, se réjouissait-elle, que la théorie littéraire s'accomplit

Il était heureux de cette conversation et il aimait regarder la jeune éditrice si enthousiaste

Il concevait le roman comme une sorte de défrichage de la pensée, oui

Les yeux secs, le cœur gelé, la tête enflammée, l'estomac vide

D'où venait ce soleil noir ?

Cette obscurité ?

De quelle galaxie insensée ses rayons invisibles et lourds le clouaient-ils au sol, au lit, au silence, à la dépression ?

Si la mort n'existait pas, peut-être que personne ne raconterait rien

Toute l'imagination était ouverte ou secrètement mélancolique

Dans le cas de Rimbaud, tout avait été dit à dix-sept ans

Il était ce vagabond qui traversait la France à pied, qui allait en
Autriche et qui en revenait

Son départ n'eut rien de soudain

Il avait été un très bon élève, il se distinguait dans les textes
latins

Lorsqu'il partit, il n'avait publié qu'*Une saison en enfer* et,
sauf sept exemplaires, l'édition resta dans l'entrepôt
d'une librairie belge

Les *Illuminations* et le *Reliquaire* seraient publiés en son absence et il ne l'apprendrait jamais

Il ne sut jamais qu'il était Rimbaud

Toute écriture était amoureuse

L'acte sexuel était une version juridique de l'érotisme

Il semblait être à l'intérieur d'un grand cercueil, dans l'obscurité, enfermé

L'ADN fut découvert en 1953

Et la sexualité devait résider entièrement dans le champ du
visible

Il crut entendre des pas et balbutia qu'il avait faim

Stupéfait par la lenteur et la difficulté avec lesquelles il avait
articulé ces mots

Il sentit quelque chose envahir sa bouche et mordit avec lenteur et même avec une certaine gourmandise

C'était une pizza au fromage de plastique et au pepperoni in-
sipide

Ils lui donnèrent à boire un liquide qu'il ne réussit pas à iden-
tifier

C'était comme une boisson gazeuse sans gaz ou de l'eau sale
ou de la bière rance et coupée d'eau

Il croyait avoir eu très faim et, après trois bouchées, il ne pouvait plus rien avaler

Anaxagore se suicida en refusant de manger

Il voulait demander pourquoi ils le gardaient là, jusqu'à quand,
de quoi ils avaient besoin

Mais il ne pouvait prononcer aucune parole, et d'ailleurs il
avait demandé cela plusieurs fois, chaque fois qu'il
sentait la proximité de quelqu'un, et jamais ils n'avaient
répondu, ils ne répondaient jamais

Ils lui nettoyèrent les commissures des lèvres avec une serviette de papier et il devina le sourire, le geste de moquerie — sa prétendue sophistication

Il évalua que seulement deux personnes lui apportaient à manger, quand on lui en apportait, mais quand elles sortirent de la pièce, quand elles s'éloignèrent, il crut distinguer les pas de trois personnes

Il ne pouvait même plus se fier à ce qu'il entendait

Les portes blindées se refermaient et il était de nouveau au cœur d'un bloc de ciment

Il percevait un certain mouvement, comme si l'on déployait une clôture électrifiée de barbelés, des radars, des caméras de surveillance dans chaque recoin de la maison

Pourquoi avaient-ils si peur de lui ?

Il était là, attaché, aveugle, ivre de voix intérieures, de pensées, effrayé, faible, dans l'attente, blessé, vaincu, inquiet

Kerouac disposait de deux mois pour écrire tranquillement dans la ville de México

Il passa tout son temps dans la mansarde de l'appartement du vieux Bill Garver, terminant *Tristessa* et commençant un nouveau roman sur ses expériences dans la montagne, puis à San Francisco, intitulé *The Angels in the World*, celui-là même qu'il finirait plus tard par publier sous le titre de *Desolation Angels*

Ce projet représentait une expérience narrative aussi intensément sauvage et personnelle que ses journaux intimes et il pensait la retenir encore longtemps, jusqu'à ce que la publication de ses autres romans suscite une certaine compréhension de son œuvre

Des formes évanescentes semblaient se dessiner dans l'obscurité, mais jamais elles ne se définissaient

Darwin disait que notre registre fossile est comparable à une bibliothèque dont il ne reste que quelques pages, quelques mots, quelques lettres

La définition de l'amour selon Baudelaire : une oasis d'horreur dans le désert de l'ennui

Selon Freud, chacun de nous a une histoire

Nous avons tous un pistolet chargé que nous pointons contre nous-mêmes

Un seul visage fut suffisant pour lancer au large mille vaisseaux de guerre et pour provoquer une multitude de souffrances dans un cœur

Il fermait les yeux et imaginait le visage de sa femme, le corps de sa femme, les jours passés auprès de sa femme

Hypnotisé par ses yeux

S'il essayait de dominer sa femme, c'était peut-être moins pour jouir librement que pour étouffer en elle une volupté qu'il pressentait si forte et si violente qu'elle épuisait et relativisait à jamais la sienne

Il enleva ses vêtements de voyage et mit un costume de soie blanche, gardant difficilement son équilibre

Dans notre vie érotique, nous ne faisons jamais rien à moitié, affirmait Adam Phillips

Il n'était jamais tout à fait pertinent de dire que quelqu'un était possessif avec son conjoint, parce que chacun des membres du couple était l'autre

C'était la raison pour laquelle personne ne se séparait jamais réellement de personne

Freud était-il amoureux de la sœur de sa femme ?

Freud subit trente-trois opérations pour éradiquer le cancer de sa bouche et de sa gorge

Ce fut à ce moment que le téléphone sonna et la secrétaire du directeur de la Maison d'édition lui demanda si ce dernier pouvait entrer

Il se hâta d'enfiler une chemise également de soie blanche et il dit que oui, bien sûr, que c'était lui qui envahissait son espace

Il se changea aussi de chaussettes et de chaussures

Le directeur entra et lui demanda en souriant où ils allaient festoyer

Il lui serra la main et lui laissa dans la paume une autre pièce d'or

Il le pressa de mettre une cravate, également de soie blanche, et en voyant le malheureux angoissé de ne pouvoir emporter ni son portefeuille, ni son stylo, ni la pièce d'or, le directeur lui dit de ne pas s'inquiéter, qu'il pouvait tout laisser là, que tout était en sûreté, qu'il n'avait d'ailleurs rien à payer, et qu'il y aurait toujours des stylos à proximité pour ce qu'il voudrait en faire

À l'hacienda où il se rendit à la fin de la cérémonie, il rencontra une foule d'amis, hommes et femmes

Le plafond était très haut, et lui-même avait un peu froid

Joyce subit vingt-cinq opérations aux yeux

Qui nous aurait dit qu'un jour je te montrerais les photos de mes enfants ?

Combien de cheveux blancs depuis la dernière fois que je t'ai vu ?

Une femme très coquine lui dit qu'ils étaient sortis ensemble plusieurs années auparavant

Il ne la reconnaissait pas et la regardait sans indulgence

Cette beauté ravissante impliquait-elle une harmonie avec la loi ou était-elle une grâce ravie à toute loi ?

Qu'il la raccompagnait toujours chez elle en sortant de l'université et qu'il prenait chaque fois un chemin différent

Peut-être pour prolonger le trajet, risqua-t-il en s'efforçant de se souvenir d'elle

Il cherchait à toute allure des références, des souvenirs, des certitudes, mais il ne faisait qu'accumuler des perplexités

Il n'avait non plus aucune idée de son nom

Le féminin était sûr ou le féminin était insoluble

L'anatomie était le destin, selon Freud

Même à présent, dans son enfermement, ses souvenirs de cette femme venaient par flashes

Sa fraîcheur, son élégance, sa minceur, sa luminosité, sa solidarité, sa sympathie

L'impression de la sentir absorbée en une somme d'instants qui s'éternisaient

Le passé était comme une ville préhispanique perdue, pleine de temples fabuleux, de rues labyrinthiques, de personnages merveilleux et sacrifiés

L'éclat de ses yeux, sa chaleur, sa douceur

Une fois abolis tout souvenir du passé et toute inquiétude pour l'avenir, il la sentait s'ouvrir à la multiplicité incompréhensible de la violence de l'amour

Et ces instants amoureux étaient en eux-mêmes des éternités

L'évoquait-il ou l'invoquait-il ?

Cette femme appelait violemment les forces qui la perturberaient

Ses cheveux très longs, cuivrés, lustrés

Ses yeux immenses

Son rire

L'impatiente volonté de dépasser ses limites

La vie à haute tension

La nécessité de dépenser toute sa jeunesse pour rester de pair avec le déchaînement qui la traversait

Serait-il en train d'inventer sa propre histoire ?

De tourner son propre film ?

Ils attendaient tout de ces rencontres, même d'arriver à se confondre avec le cosmos

Il essayait de retrouver ses souvenirs et de les ordonner comme une preuve de son existence dans le présent, dans ce trou noir, même s'ils remontaient à plusieurs années

Sa passion était comme un immense carrefour d'illusions et de désillusions charnelles

Ils trinquèrent avec plaisir

Que s'était-il passé sinon le passage des années ?

Le sexe était en tout sauf dans la sexualité, disait Barthes

Il se sentait à l'aise devant elle, sûr de lui, séducteur

Il dit que la jouissance sexuelle était possible parce qu'elle s'accompagnait d'un moment de mort de la pensée, d'un moment où se tuait le Moi

Tout amour était une forme travestie de narcissisme ou de dépendance

La personne déprimée, disait Kristeva, était un athée taciturne et radical

Le président du jury décrivait son roman en faisant beaucoup de simagrées, mais on ne le désignait pas encore comme le lauréat

Il la regardait et elle le regardait

Nous sommes tous surveillants et surveillés, inquisiteurs et victimes

Ils ne gardaient pas tous le silence

Environ trois cents invités étaient présents

Il avait faim et, après quelques bouchées, il avait été rassasié

Ils parlaient comme s'ils se reconnaissaient

Comme si une réalité tangible était sacrifiée en échange de
quelque chose qui n'existait *pas*

Tout cela était trop réel, trop proche pour être la vérité

Il aimait son parfum

Et c'était cela qui était fascinant, l'excès de réalité, l'hyper-
réalité de cette femme

Tout plaisir ou tout amour étaient une illusion

Ils semblaient répéter indéfiniment la nécessité d'une nouvelle
rencontre

Un effort banal

En chacun de nous, il y avait une partie qui était réelle et in-
communicable et un moi superficiel

Pour Platon, l'amour était un conflit et une énigme

Balzac était mal élevé

Les conversations ennuyaient Stendhal

Baudelaire était un obsédé

Chateaubriand disait que chaque homme portait en lui un monde
composé de tout ce qu'il avait vécu et aimé, un monde auquel il retournait toujours, même quand il parcourait, même
quand il pouvait sembler habiter un monde étranger

Chez Lévi-Strauss, chez Flaubert, chez Proust, c'était la mémoire qui faisait le voyage

Tous nous vivons peut-être nos vies comme des récits et nous
en vivons tous simultanément plus d'un, dont certains
sont plus personnels que d'autres

Dans cette obscurité, il sentait parfois une présence proche

Il demandait qu'on retire le bandeau de ses yeux ou il demandait n'importe quoi d'autre

Ils ne lui répondaient jamais

L'avaient-ils confondu avec le directeur de la Maison d'édition ?

C'était l'un des hommes les plus riches du monde

Il ne portait sur lui aucune pièce d'identité

Kant sentait avec acuité les limites des facultés intellectuelles
de l'homme

Le pape d'Arles était un prêtre

Ils sortirent de l'hacienda après la remise du prix et la conférence de presse et se mirent en route vers la Maison d'édition pour aller chercher sa valise et le ramener à l'hôtel

Ta femme arrive demain ?

Je l'espère, dit-il, nous avons convenu de nous retrouver à l'hôtel, nous ne nous sommes pas vus depuis des mois

Où est-elle ? demanda le chef de la diffusion de l'entreprise

Elle est anthropologue et elle est en train d'écrire un livre sur la médecine indigène au Chiapas, commença-t-il

Il y avait peu de circulation à cette heure de la nuit

Il craignait d'avoir consenti à publier le livre dans la forme où il était et à recevoir le prix millionnaire dans le seul but de la revoir

Vieillir ensemble ou rajeunir ensemble ?

Elle était si adorable, sa femme

Fillette fraîche, terrestre, son été, sa nuit, sa verdure, son système planétaire, son paradis perdu et retrouvé puis de nouveau perdu

Il y avait toujours quelque chose à quoi il fallait résister, quelque chose à affronter

Le véhicule déployait une aventure étouffée qui *mijotait*, pour le dire d'une certaine façon

S'éloignant de la vie habituelle, coexistence des corps, violence de la vitesse

Tout devait parvenir à une situation extrême

Ils n'étaient nulle part et pour cela même ils étaient irresponsables

Sans images ni sens à appuyer, tissant des liens que devait dominer la brièveté

Ce fut alors que trois véhicules leur barrèrent la route et qu'en descendirent des hommes et des femmes masqués et armés

Restez calmes, détendez-vous, dit le chauffeur en freinant, ils veulent sûrement la voiture

Mais c'était lui qu'ils voulaient ou peut-être les voulaient-ils tous

Ils étaient quatre dans cette voiture et personne ne riait

Dramaturgie ou rituel ?

Le chauffeur leur tendit les clés au moment où deux ou trois
personnes jetaient le malheureux à terre sous le siège
arrière d'une camionnette

Ils le jetèrent sur le sol et une femme lui mit des écouteurs, et
la musique d'un groupe explosa dans ses oreilles, puis le
véhicule démarra

Il se rappelait la confusion, l'étonnement, la peur, la résignation, la consternation, la colère, son impuissance, sa dépendance

Pendant que la camionnette roulait à grande vitesse, ils lui
lièrent les mains et les pieds

S'il vous plaît, enlevez-moi les écouteurs, implora-t-il en
criant

Ils les lui enlevèrent pour lui bander les yeux avec une grande
brutalité

Qu'était-il arrivé aux autres ?

Il se souvenait de la jeune éditrice en train de filmer les
édifices sur l'autre rive de la Seine

Comment apprendre à jouer ensemble ?

Comment être, encore une fois, deux corps en public, solidement unis, gardiens de la dignité de l'antre, soucieux du
rôle qu'ils jouaient

Qui imposait les étapes ?

Ceci est le quai Jacques-Anquetil, qui s'appelait auparavant le
quai d'Elbeuf

Se comporter comme un couple était un art d'interprétation

Sa beauté était un grand antidépresseur naturel

Il ne fallait pas laisser dégénérer le spectacle

Personne n'avait la relation qu'il méritait

Le hors-la-loi, la femme fatale, l'hérétique, l'agent double,
don Juan : l'infidélité était vraiment très attirante

Elle avait le *glamour* du bon secret et du bon mensonge

S'il voyageait, c'était parce qu'il devait le faire, parce qu'il
croyait qu'il existait un autre lieu

Remplacer l'idée de la relation *authentique* par celle de la relation agréable

La désunion, la déconnexion, la déterritorialisation lui permettaient de garder le sens

Il pensait au parcours de cette camionnette et croyait sentir le boulevard Raspail

Il devait être très tard et il y avait peu ou pas du tout de circulation dans les rues où ils roulaient à grande vitesse

Trois ou quatre voitures devaient se suivre

En rugissant

Il voyait presque les grands espaces qui l'absorbaient au sortir de la place de la République pour le précipiter sous terre jusqu'au Pont-Neuf

Des bruits comme ceux des embouteillages dans la rue Mazarine avant le boulevard Saint-Germain

Lorsqu'ils s'arrêtèrent, ils lui mirent une cagoule sur la tête et un géant d'une force herculéenne le prit et le chargea sur son épaule

Il sentit qu'ils parcouraient dix, quinze mètres

Ensuite, des escaliers, une porte, deux, trois, quatre

Le géant était obligé de se pencher pour réussir à passer et cela le mortifiait manifestement

Ensuite, un escalier jusqu'à un deuxième étage

La maison devait être très grande

Deux autres portes et là on le jeta sur un lit

Barthes disait qu'il ne faut pas sous-estimer la capacité du hasard à engendrer des monstres, c'est-à-dire des séquences logiques, c'est-à-dire le sens

Où était la logique de tout cela ?

Même s'il s'était méthodiquement consacré à expérimenter les différences et à parcourir les lieux les plus rares et les plus inconnus, Flaubert observa que le *temps* fut la seule chose qui lui arriva réellement

À la fin de son périple, Flaubert constata seulement qu'il avait vieilli

Il voyagea, comme il le dit à la fin de *L'éducation sentimentale*, il connut la mélancolie des navires, les réveils froids sous la tente, l'étonnement devant les paysages et les ruines, l'amertume des sympathies interrompues

Il rentra et constata qu'il avait irrémédiablement vieilli

Jaime Torres Bodet se suicida en se tirant une balle

Intervalle de pulsations

La notion de fiction était un signe d'ambivalence

Il s'agissait du sentiment et du fantasme de la solitude, mais anesthésiés, des jouissances suspendues, d'une attente et d'un silence aussi vides que pleins

Tant de calme et de véhémence renouvelés en cette nuit permanente

L'ardeur, la brûlure de ce néant

Il était comme au milieu d'un océan létal

Dans sa propre mer noire

Au-delà du principe de plaisir fut publié en 1920

Au lieu de chercher un sens au désespoir, il commençait à penser qu'il n'existait pas d'autre sens que celui du désespoir

Antonino Liberalis raconte que Minos faisait périr ses femmes l'une après l'autre, puis qu'il éjaculait des serpents, des scorpions et des scolopendres

Si j'existe, c'est parce qu'exister me fait horreur, disait Sartre

Le marquis de Sade demanda qu'après sa mort, personne ne puisse trouver la trace de sa sépulture, qu'aucune pierre ne porte son nom

Et il marqua le monde et le temps futur, qui est le nôtre, d'une empreinte indélébile

Ses sens restaient en éveil, mais ils ne recevaient d'impressions d'aucune sorte

S'arrêter, dormir, disparaître

Ils l'avaient abandonné dans un non-lieu

Dans un présent infini

3

Être et ne pas être
et autres pensées frivoles

Il était seul, personne ne se préoccupait de lui et ses douleurs
    étaient une île déserte

Parfois, le temps semblait se souder, formant une continuité
    sans coupures apparentes

Rien ne semblait se passer, comme si le temps s'était arrêté ou
    qu'il s'écoulait avec difficulté

Il ne pouvait rien faire d'autre que se plaindre, sinon se rappeler

Penser à une date, à une époque, à une personne, et essayer de
    reconstruire beaucoup de réalité autour

Mais c'était comme s'il essayait d'établir d'innombrables
    états d'oubli

Ses oublis devaient être très nombreux

Il avait presque tout oublié

D'une certaine façon, disait Freud, l'oubli était comme une sé-
    pulture, un instrument de conservation, une sorte de dépôt

Se souvenir, c'était assassiner, beckettisa-t-il

Une autoécoute à la fois soutenue et sans mémoire

Tout semblait déjà avoir eu lieu

Même lui

Il ne pouvait se rappeler quelque chose comme si cette chose
    était en train de se produire, de même qu'il ne pouvait
    connaître ni prédire ce dont il se souviendrait ensuite

Nous ne pourrons jamais savoir notre histoire personnelle de mémoire

L'homme est un animal poussé à oublier et poussé par l'oubli

Jerzy Kosinsky s'immergea dans un bain d'eau chaude et se mit un sac de plastique sur la tête pour s'asphyxier

Se souvenir de tout serait une forme de folie

Pourtant, rien ne semble s'oublier, rien ne se défère, tout ce qui existe est une redescription interminable, un présent continuel

Parfois, on n'est pas disposé à oublier, on n'est pas capable d'oublier

Il avait besoin des idées du souvenir et de l'oubli pour garder le passé et l'avenir distincts

Penser à sortir de là le confrontait à la possibilité d'un effondrement du temps

Cet avenir, ce « quand je ne serai plus là », était un fétiche conceptuel pour le protéger de l'atemporalité de ce non-lieu

Il regrettait la lecture des journaux, son café matinal, ses livres à lire, son ordinateur, son courrier électronique, son jeu d'échecs, ses longues promenades au bord de la Seine, ses visites dans les librairies, la cinémathèque, sa collection de DVD

Pour Freud, la logique du complexe d'Œdipe commande aux hommes d'oublier ce qu'ils aiment (la mère) pour se rappeler une chose qu'ils seraient censés pouvoir « posséder » (d'autres femmes)

Les femmes doivent oublier ce qu'elles aiment (la mère) pour trouver un père et être trouvées par un père qu'elles doivent également oublier pour désirer de façon plus satisfaisante

Les femmes doivent oublier deux fois

Il avait les deux poignets et les chevilles lacérés

L'esprit assume une compulsion à répéter le passé et une compulsion à fuir la compulsion à répéter le passé, disait Leonard Shengold

Diane Arbus se suicida en se tranchant les veines des deux poignets

Il gara sa voiture à la porte de l'hôtel et deux boutons furent pressés pour ouvrir les portières

Il descendit pour dire au revoir au directeur de la Maison d'édition et à la jeune éditrice

En lui serrant la main, le directeur lui glissa encore une fois une pièce d'or dans la paume

Ils décidèrent de se revoir le lendemain

Il avait décidé de les amener à Illiers-Combray

Ils ne pouvaient croire que, depuis 1971, cette commune avait décidé de faire connaître même aux automobilistes sa relation avec son plus célèbre visiteur

Parce que Proust y avait passé l'été de l'âge de six ans à l'âge de neuf ans, et une autre fois à quinze ans, chez la sœur de son père, Elisabeth Amior

Et ce fut là qu'il trouva l'inspiration pour créer le village fictif de Combray

À l'angle de la rue du Docteur-Proust, il y avait une pâtisserie avec une enseigne arborant : « L'établissement où la tante Léonie achetait les madeleines »

Un paquet de huit madeleines coûtait vingt francs, un paquet de douze, trente

Mais, revenant aux pièces d'or que le directeur lui laissait dans la main chaque fois qu'il le saluait ou lui faisait ses adieux, il se rappela qu'il en avait réuni huit avec lesquelles il avait fait une petite pile à côté d'une lampe art nouveau qui se trouvait sur la table de chevet de sa chambre

Ils s'étaient donc vus quatre fois

Pourquoi ne parvenait-il à se souvenir que de deux ?

Ils allaient dans sa voiture au sud-ouest de la cathédrale de Chartres et ils s'étaient déjà dit au revoir et promis de se revoir quelques semaines plus tard à México

Il se rappelait la carte routière Michelin chiffonnée qu'il avait consultée avant d'arriver aux châteaux de la Loire

Le *Guide Michelin* allait changer de nom et s'appeler *Guide Rouge*

Celui de México s'appelait *Guía Roji*

Les arcs-boutants comme des griffes à Chartres, les clochers usés par les intempéries

Albert Camus était mort dans un accident de voiture

Les banderoles d'une station-service Elf flottaient au vent qui soufflait sur les vastes champs de blé

C'était sans doute la quatrième fois qu'il les voyait parce que, le lendemain, ils allaient retourner en Espagne pour y passer deux jours avant de rentrer au Mexique

Le roman qu'ils emportaient était inachevé et il devait décider s'il allait le laisser ainsi ou y ajouter un ou plusieurs chapitres

L'écrivain assemble, découvre, donne forme

Joyce osa briser les formes du néoclassicisme et il se montra oblique, excentrique, astucieux, barbare

Son roman était riche en interruptions, en citations et en charabia

Légèrement persuasif

Comme s'il avait mis Alexandre Dumas, Lawrence Durrell, Samuel Beckett, Cantinflas, Octavio Paz et Roberto Calasso dans un mélangeur

Il rentrait à toute allure en passant par les VIᵉ et VIIᵉ arrondissements

Il avait mis plusieurs années à l'écrire

France-Info lui tenait compagnie

Les autorités britanniques pour l'Énergie atomique avaient utilisé des os de bébés morts pour effectuer des essais nucléaires et n'en avaient pas informé les parents, selon ce qui avait été reconnu au cours des derniers jours

À Glasgow, en Écosse, et à Woolwich, un quartier du sud-est de Londres, près de six mille fémurs furent extraits de cadavres de bébés entre 1954 et 1970 pour étudier les effets des essais nucléaires

Les enquêteurs découvrirent que le taux de strontium 90, un élément dangereux qui opère de façon similaire au calcium, s'élevait sensiblement durant les essais atomiques

Il changea la station de radio

Il descendait les Champs-Élysées en cherchant une place où garer la voiture

Il la laissa dans une petite rue près de l'intersection du boulevard Raspail et de Bac-Saint-Germain, et dès qu'il le put, il acheta *Le Monde* et *Le Figaro*

En 1905, Freud travaillait sur deux tables

Sur l'une, il écrivait *Le mot d'esprit et ses rapports avec l'inconscient*, et sur l'autre, *Trois essais sur la théorie de la sexualité*

En Chine, on prélevait les organes des prisonniers exécutés pour des transplantations illégales

Là, une opération coûtait six mille dollars pour les résidants chinois, moins cher qu'aux États-Unis

Un médecin chinois affirmait avoir assisté à l'extraction des reins d'un prisonnier alors qu'il respirait encore

On estimait que dix mille personnes seraient condamnées à la peine de mort cette année-là, conséquence du durcissement des mesures contre le crime organisé récemment adoptées par le gouvernement

Faire taire les gens, les empêcher de parler et, surtout, s'ils parlaient, faire comme si rien n'avait été dit

Il abaissa le journal et regarda s'il n'avait pas les doigts tachés

Il promena son regard sur cette partie de sa ville-musée

Il était cinq heures de l'après-midi, ou bien une autre heure, ou mieux encore deux heures à la fois, la meilleure et la pire, midi-minuit, mais distribuées selon une forme variable

Un couple discutait près d'une voiture

Il ne pouvait entendre ce qu'ils disaient, mais il le supposait parfaitement : elle le voulait différent de ce qu'il était et il la voulait différente de ce qu'elle était

Un beau conflit

Héraclite d'Éphèse, appelé l'Obscur, percevait le monde sous les aspects de conflit et de changement implacables

Il est difficile de lutter contre son propre tempérament, écrivait-il, ce qu'on désire s'achète avec la pensée

Il voyait comment les opposés se maintiennent unis par le Logos, principe immatériel mais permanent illustré par l'unité de Dieu, qui est jour nuit, hiver été, guerre paix, en haut en bas

Les choses particulières existent en vertu de la lutte tentée par les opposés

Nous entrons et n'entrons pas, nous sommes et ne sommes pas dans le même monde, dire cela illustre l'unité des contraires

Le monde héraclitéen était une totalité de processus plutôt que de choses, existant en vertu de la discorde et de la tension entre les opposés

Il s'inquiétait devant la jeune éditrice qui lui donnait une impression d'animal de luxe

Il ne savait pas si elle était pleine d'implants

Étant donné le ton légèrement grave de sa voix, elle était peut-être même un travesti

Dans les femmes réelles, nous imposons toujours des femmes imaginaires

Il la revit à l'hacienda le soir de la fausse remise du prix

Elle portait un tailleur de marque qui soulignait la minceur de sa taille et l'éloquence de ses hanches et de ses seins

Il la prit par les épaules et lui demanda de le laisser la regarder ou, pour citer Descartes et Le Brun, *l'admirer*

Son visage prenait ou exprimait toutes sortes de mouvements localisés, à peine perceptibles

Les femmes ont plusieurs défauts, plaisanta-t-elle, mais les hommes, seulement deux, tout ce qu'ils font et tout ce qu'ils disent

Il rit de bon cœur et se contenta de la regarder

Il adorait le tressaillement des lèvres, l'éclat du regard, une certaine indiscipline de la chevelure

Et ce qu'il appelait *désir*, animé par de petites sollicitations, impulsions qui s'organisaient pour l'inviter, le rapprocher d'elle

Pourquoi les hommes étaient-ils comme des ovnis ?

Il se déclara vaincu d'avance

Parce qu'on ne sait pas d'où ils viennent, quelle est leur mission ni combien de temps ils vont rester

Il l'embrassa sur la joue et sourit en respirant l'odeur de son parfum

Il était sûr de vouloir faire cela un nombre infini de fois

Laissez-moi vous conduire à votre table, proposa la jeune éditrice

Il savoura le va-et-vient de ses hanches alvéolées

Pourquoi les hommes sont-ils comme le climat ?

La hauteur de ses talons l'étonna

Je l'ignore

Parce que, quoi que tu fasses, tu ne peux les changer

Pendant qu'ils marchaient, une adolescente appétissante s'approcha et lui demanda la permission de l'embrasser

Il accepta et, quand la jeune fille l'embrassa, il la serra contre lui jusqu'à sentir le volume de ses seins contre sa poitrine, et quand ils se séparèrent, il lui donna un baiser sur la joue

Rien ne me plaît davantage, plaisanta-t-il

De vieux amis venaient le saluer

Ils le présentaient à de jeunes critiques et à de nouveaux romanciers

À la table qu'on lui avait assignée, il y avait huit places disponibles

La jeune éditrice s'attarda un peu près de sa chaise et l'invita à s'asseoir

Et vous vous assoirez à côté de moi ?

Je ne crois pas, je dois m'occuper des invités, mais voyons voir, dites-moi, pourquoi Dieu a-t-il créé l'homme avant la femme ?

Comment puis-je le savoir ?

Parce qu'on apprend à partir de ses erreurs

Une autre femme l'appela par son prénom et il leva la tête

Elle ressemblait à un modèle venu présenter une collection printanière

Mince, grande, festive, souriante

Tu ne me reconnais pas ?

La jeune éditrice s'était déjà considérablement éloignée

Pour Sternberg, les ténèbres n'existaient pas par elles-mêmes, elles indiquaient seulement le lieu où se tenait la lumière

Pourquoi avait-il dit cela ?

Rappelle-toi, disait-elle, quand tu étais professeur à l'université

Son cœur dans l'obscurité battait et flambait

Certains pleurent avec des larmes, pazisa-t-il, d'autres, avec des pensées

Penser seul, n'est-ce pas pleurer seul ? pazisa-t-il de nouveau

J'ai peur d'avoir peur, disait la jeune femme sans nom

Et il parlait des catégories du réel, de l'actuel, de l'existant, de l'individualisé

Antonin Artaud passa les dix dernières années de sa vie dans des asiles d'aliénés

Il se souvenait de son urgence de plaisir, de son sentiment d'omnipotence, de sa soif de diversion

L'existence, disait saint Augustin, est un combat entre l'essentiel et *une avalanche de pensées frivoles*

Oisif inquiet, jouisseur impitoyable et épicurien débordé

L'art de s'agiter dans un vide déguisé en excès de *surmenage**

Cette femme mit une main sur la sienne

L'espace d'un instant, il crut reconnaître cette main aux longs doigts et à la douceur du velours

Edmund Wilson demanda une fois Djuna Barnes en mariage

Du haut d'un arbre, Octavio Paz proposa des relations à Guadalupe Duenas

À la table, une autre personne disait que le plus grand centre commercial des États-Unis se trouvait à Bloomington, Minneapolis, et qu'il occupait une superficie équivalant à celle de quatre-vingt-huit terrains de football

On se grisait à regarder les biens que l'on n'acquerrait pas et que l'on se contentait de caresser des yeux

L'unique plaisir consistait à désirer ce dont on n'avait pas besoin

Mais j'ai besoin de toi, disaient les yeux immenses de cette femme

Son histoire individuelle n'était que l'histoire d'abdications successives, des mille arguties avec lesquelles il tentait de tromper l'exigence d'être lui-même

Ils trinquèrent avec du vin blanc

Nous pensions nous trouver dans les Évangiles et nous sommes dans le *Livre des records Guinness*

La petite taille du livre était une garantie d'enrichissement, alors que, quand on ouvrait un journal, on restait avec une impression de fragmentation et de vacuité, les doigts tachés

Un couple s'approcha pour se faire photographier à côté de lui

Un homme sortit son portefeuille pour lui montrer un dessin qu'il avait fait quand ils étaient en quatrième année, au verso d'une carte de visite

Il aurait préféré continuer à regarder la femme dont il n'arrivait pas à se rappeler le nom et on ne cessait de le distraire

On lui laissait des bouts de papier avec des numéros de téléphone, des serviettes de table avec des adresses électroniques et des demandes d'attention

Il apprécia l'assaisonnement d'une petite salade

Il demanda qu'on remplisse de nouveau son verre de vin et il trinqua avec la femme qui le regardait et qui était présente avec une certaine avidité

Hôtesses soudaines de la chair, lopezvelardéa-t-il

Arrivèrent bientôt les discours qu'il écouta sans les entendre

Bazin citait *Le cirque* de Chaplin, dans lequel Charlot fut forcé d'entrer dans la cage du lion et d'être filmé avec lui

Comme ce fut le cas pour cette scène dans laquelle on voit Nanuk et le phoque

Mais je ne suis pas ton ennemie, je suis ta complice, dit la femme, ou bien aimait-il penser à la possibilité que ces mots aient été prononcés ?

Il aurait aimé qu'elle dise quelque chose comme ça, ou bien l'avait-elle réellement dit ?

Plus tard, il dut monter sur l'estrade qui tenait lieu de scène

Le directeur de la Maison d'édition lui remit le chèque qui était en réalité une enveloppe blanche contenant une petite carte blanche, et il sourit pour les photographes de la presse et les cadreurs de la télévision

Microphone en main, une petite femme au visage très provocateur et aux cheveux frisés lui demanda de quoi traitait son livre

Il dit qu'il racontait l'histoire d'un Salvadorien qui était resté caché trente-deux ans dans une forêt du Guatemala après avoir fui la guerre que s'étaient livrée le Salvador et le Honduras en 1969, à cause de problèmes frontaliers, guerre qui n'avait duré que cent heures

Plus tard, son visage revint vers la caméra qui le filmait et, en la regardant fixement, il dit que son protagoniste était arrivé au Honduras en 1965 pour travailler et que, quatre ans plus tard, alors qu'il avait quarante ans, la guerre l'avait surpris et obligé à fuir le plus loin possible

Des chasseurs le trouvèrent par hasard et, à leur vue, croyant qu'ils étaient Honduriens, mon protagoniste voulut se rendre, levant les bras et promettant de ne plus s'enfuir

Bien que cette guerre n'ait duré que cent heures, cet homme se vit obligé de se cacher dans la forêt rude et accidentée du Guatemala où il passa, presque nu et se nourrissant de feuilles et de fruits qu'il trouvait, plus de onze mille jours de sa vie dans les privations, l'hostilité de la terre et le silence

Il alla dans un autre salon de l'hacienda, la jeune éditrice le prit par le bras et, se rapprochant, elle lui dit à l'oreille que ce n'était pas le sujet de son roman

Comment ça, non ? protesta-t-il. Tu ne t'en es pas rendu compte ?

Je n'ai vu aucun Salvadorien en train de revivre les aventures d'un hybride de Robinson Crusoé et de Tarzan

Mais tu ne me diras pas que, dans mon livre, on ne parle pas beaucoup de la solitude, de la peur, du silence et du temps

Eh bien, oui

J'ai seulement essayé de donner un exemple pour présenter ces thèmes d'une manière accessible

Mais ils étaient arrivés à une longue table sur laquelle on avait posé des carafes d'eau et des verres, devant quatre sièges vides où prirent place le directeur de la Maison d'édition, la jeune éditrice, le gérant de la promotion et des ventes et le malheureux auteur

On lui demanda pour commencer ce qu'il pensait faire de tout cet argent

Quelqu'un l'aurait-il entendu et le séquestrait-on pour lui voler le chèque qu'il était censé avoir reçu ?

Il voulait se rappeler tous les visages de cet auditoire à demi effacé par les réflecteurs qui pointaient leurs milliards de volts vers la table où il se trouvait

Mais il ne se souvenait que de deux ou trois personnes qu'il parvenait à isoler de cet énorme groupe

On lui demanda pourquoi il écrivait

Si son roman était autobiographique

Comment il se sentait d'avoir gagné ce prix

S'il y avait des choses que nous ne devrions pas savoir

À quoi il travaillait en ce moment

Où allait le présent quand il se transformait en passé et où était le passé ?

Le malheureux répondait avec malice, avec esprit, avec perversité, comme s'il était un animateur professionnel

Rilke se vantait de n'avoir jamais lu aucun journal

Le XXe siècle avait inventé deux personnages capitaux, le révolutionnaire et l'animateur professionnel

Le révolutionnaire avait cessé d'émouvoir les foules depuis que ses promesses de justice s'étaient transformées en cauchemars

Mais le deuxième semblait destiné à obtenir un succès illimité

Il était là, essayant de garder les muscles de son visage immobiles comme Buster Keaton, bougeant les bras comme Don Francisco dans son costume de soie blanche, faisant des blagues à double sens comme Jorge Ortiz de Pinedo

Il crut voir debout la jeune femme sans nom avec laquelle il pouvait avoir eu une relation plusieurs années auparavant

Je ne connaissais pas le sujet avant d'écrire ce livre

Il ne pouvait se rappeler tout ce qu'il avait dit

Charles le Téméraire en lutte contre Louis XI : « Je lutte contre l'araignée universelle »

Ou bien il confondait et il n'avait jamais dit ça, mais il crut l'avoir dit

Je l'ai écrit et non, je ne suis déjà plus celui qui l'a écrit, ou bien je le suis en tant qu'autre que moi-même, et si je devais le réécrire je ne serais déjà plus capable de faire le même livre, ni même un livre semblable

Mais il se sentait fatigué et la jeune éditrice s'en aperçut, elle lui écrivit sur un bout de papier qu'elle n'allait accepter que deux questions supplémentaires

L'avant-dernière, dit-elle

Quelles sont les valeurs proposées par votre livre ?

Il répondit comme il le put pour se tirer d'affaire

Et maintenant, oui, la dernière question, dit la jeune éditrice

Il vit que plusieurs bras se levaient, six ou sept, et choisit une femme avec des lunettes, mince, grande, aux cheveux raides, longs, noirs

Que pensez-vous de la littérature mexicaine contemporaine ?

Il inspira et énuméra des œuvres et des auteurs qui l'impressionnaient et le stimulaient et l'émouvaient et l'éblouissaient, mais, comme il remarqua qu'ils étaient inconnus de la majorité, pour chaque titre, il fit un petit résumé, et pour chaque nom, une courte biographie

La séance fut levée et la jeune éditrice lui fit remarquer qu'elle avait pris le tas de cartes et de serviettes de papier sur lesquelles on avait écrit des adresses, ainsi que l'enveloppe censée contenir le chèque

Le directeur de la Maison d'édition lui dit qu'ils pouvaient le ramener au bureau pour qu'il reprenne sa valise, puis de là à son hôtel, qu'ils l'attendaient

La jeune éditrice dit qu'elle allait l'accompagner

Il sourit, plus que satisfait

Anaxagore mourut de faim

Le gérant de la promotion et des ventes se joignit également à eux

Nous devons nous mettre d'accord pour demain, proposa-t-il

Quelques personnes l'assiégeaient pour lui demander d'autographier leur agenda, un poignet de leur chemise, leur avant-bras nu, une revue, un journal

En arrivant dehors, il fut ébahi par la voiture si longue et si blanche, si étincelante

Qu'est-ce que c'est ?

C'est la voiture du président, lui dit la jeune éditrice, tu sais bien qu'il arrive demain

Le chauffeur portait un uniforme

Je te parie qu'il s'appelle Jaime

Comment l'as-tu su ?

Il s'appelle ou il ne s'appelle pas Jaime ?

On s'est payé ta tête, il s'appelle Austreberto, mais nous l'appelons Au

Il avait un peu froid, il aurait dû prendre un manteau ou un imperméable

Il commençait à pleuvoir

Il pleuvait dans les films de Kurosawa

Il pleuvait dans les films d'Antonioni

Et il pleuvait aussi ce soir-là

Le gérant de la promotion et des ventes lui proposa de s'asseoir devant, avec le chauffeur, mais il lui céda la place, il préférait s'installer derrière, avec la jeune éditrice

Toutes les fenêtres de la voiture avaient des vitres fumées

Il eut l'impression qu'au lieu de tirer sur sa jupe étroite pour couvrir ses jambes, la jeune éditrice l'avait légèrement relevée pour les exhiber un peu plus

La voiture démarra lentement, sans faire le moindre bruit

Deux ou trois journalistes essayaient de voir à l'intérieur et marchaient à côté du véhicule

En atteignant la rue, le chauffeur tourna à droite, encore très lentement, puis il accéléra légèrement, à environ quarante, quarante-cinq kilomètres à l'heure

L'auraient-ils suivi depuis l'hacienda ?

Cela semblait improbable

Auraient-ils cru que c'était le président de la Maison d'édition qui se déplaçait à cette heure dans cette voiture ?

Était-il surveillé par quelque écrivain jaloux ou envieux du prix qu'il avait reçu ou de l'attention que lui accordaient les médias ?

L'amant de sa femme ?

Le malheureux écrivain n'avait apporté aucune pièce d'identité

L'auraient-ils pris pour un autre ?

Et s'ils savaient qui il était, à qui pourraient-ils demander une rançon ?

Ce qui était sûr, c'était que plusieurs jours s'étaient écoulés, peut-être plus de deux semaines, et ils continuaient à le garder en vie, qu'attendaient-ils ?

Ils ne lui avaient jamais demandé son nom ni rien d'autre

Et pourquoi lui bandaient-ils les yeux ?

Que craignaient-ils qu'il voie ?

Il avait écouté à moitié d'autres émissions de Cristina

Des maris maniaques, des commères de quartier, des maîtresses de maison qui embauchaient des gigolos, des femmes qui parlaient d'amour et de coquetterie, d'autres qui préféraient des hommes mariés comme amants, et

une autre encore traitant des infidèles qui étaient
    pardonnés ou pardonnées

Plus d'une semaine

Avec la télévision, il n'existait qu'un acte valable possible

L'éteindre

Même s'il pouvait compter plus d'émissions, une sur des
    jeunes qui s'automutilaient, une autre sur des enfants
    maltraités par leurs parents, une autre encore sur des
    hommes qui faisaient des strip-teases pour des femmes

Et celles dont il ne se souvenait pas

Ou bien en passait-on plus d'une par jour ?

Il se basait sur la logique selon laquelle il y avait des émissions
    du soir, qui passaient à la même heure du lundi au ven-
    dredi

Elles constituaient son seul point de repère temporel

À la télévision, il se passait toujours quelque chose, bien plus
    que dans nos propres vies

L'hypnose télévisuelle nous brûle avec sa lumière, comme si
    nous étions des papillons autour d'une lampe

La télévision est toujours un meuble parlant, animé, qui assume
    la fonction de rendre supportables le banal et le stupide

Et dans cette maison, ses ravisseurs entretenaient une étrange
    passion pour Cristina et ses abrutis de classe moyenne

Bruno Bettelheim se suicida

Mieux valait le blabla des invités de Cristina et ses intermèdes
    musicaux vulgaires que le silence qui enveloppait tout le
    reste du jour et de la nuit

Il devait avoir perdu beaucoup de poids, il se sentait faible et
    malade, sale et diminué, maintenant, oui, comme ces
    personnages de Beckett qui vivaient dans des poubelles

Ils le conduisirent à la salle de bains et il perdit pied et ils le
    rattrapèrent avant qu'il ne s'effondre sur le sol

En se redressant, soutenu par deux personnes, il effleura
    quelque chose qui pouvait être des seins sous un soutien-
    gorge très rigide

De plus, l'effort que ces personnes avaient fait pour le soutenir
    les faisait respirer très fort et dans leurs soupirs criait leur
    féminité

Il n'avait pourtant plus la force de leur poser des questions

Il voulait demander : Jusqu'à quand allez-vous me garder ici ?

Que gagnez-vous à me garder ici ?

Il sentit qu'il s'écroulait

Son évasion était impossible et c'était là sa tragédie fondamentale

Continuer à exister était davantage un fardeau qu'une grâce

C'était un enchaînement d'un même avec un même

C'était pour le Moi le fait d'être sans cesse entravé par lui-même, enlisé en lui-même

Il n'aurait jamais supposé qu'il y aurait un être plus inexorable et plus décourageant encore

Son existence s'imposait à lui avec tout le poids d'un contrat irascible

Sartre disait, avec raison, qu'exister, c'est comme boire sans soif

Immense pagaille

Ils ne le libéreraient jamais, de même que jamais ne prendrait fin la souffrance des opprimés

Raymond Radiguet écrivit *Le diable au corps* à dix-sept ans et mourut à vingt ans

Maurice Ravel mourut d'une tumeur au cerveau

Les pertes ne seraient pas réparées, les méchants continueraient à se réjouir, et les justes, à pleurer

4

La chute de la grande Tenochtitlán et de nouvelles nuits tristes

Il se mettait à écouter le murmure impalpable de la nuit

Il appréhendait dans sa pureté son existence sans existence, sa
   forme anonyme d'être

Autour de lui le silence régnait, tout était soumis au néant, et son
   ouïe aux aguets percevait un étrange raffut de l'immobilité

Là, il n'y avait rien ni personne, mais ce vide était dense, cette
   paix était scandaleuse, ce néant était peuplé de toutes
   sortes de tremblements et de déflagrations insaisissables

Je préférerais ne pas, disait Bartleby

Il n'y avait rien sinon l'être en général, l'inévitable rumeur du
   il y a

Il y a toujours un *il y a*, même quand il n'y a rien

L'épouvante naissait en lui quand il se sentait absorbé ainsi par
   cette existence sans contours et non tiré vers une existence de formes monstrueuses ou d'images fantastiques
   qui semblaient favorisées par l'obscurité

Il était inévitablement fidèle au corps mort qu'il sentait croître
   à l'intérieur de lui

C'était pourquoi l'infidélité était toujours une énigme

C'était pourquoi la monogamie ressemblait à la mort

Sa peur soulevait le voile de l'existence en ce qu'elle avait à la
   fois d'impersonnel et de continu

Dans le silence nocturne, ce n'était pas la mort qui l'horrifiait, c'était l'être

Continuer là, attaché, les yeux bandés, prisonnier, réduit, immobilisé

Il pourrait peut-être survivre en devenant pierre, en refusant sa volonté, en se sanctifiant dans cette suspension

Absolument aucune volonté

Un vide de la volonté avant une volonté de vide

Il n'y avait aucune pause dans ce concert

Il ne se produisait aucune déchirure dans la perpétuité de son châtiment

Négativisme hypocondriaque

Il voulait défaire la langue espagnole de telle façon qu'il s'ensuive une ligne de fuite

Ramener sa langue convulsive

Garder les phrases fortuites, énumératives

Faire des phrases qui se suivraient comme le journal de bord des moments de son isolement

Phrases disparates, avec des changements de direction, des bifurcations, des ruptures, des sauts, des étirements, des jaillissements, des parenthèses

Il ne devait pas penser comme un écrivain

Le monde entier, disait San Antonio, ne serait rien de plus qu'une sous-préfecture

Il lut dans *Le Monde* que les Dieters United, une association de défense des gros et des obèses, avaient organisé à San Francisco une manifestation devant les cinémas où l'on projetait *Fantasia*, le film de Walt Disney

Parce que, dans le ballet des hippopotames en tutu, les gros étaient tournés en ridicule

Au-dessous de la ceinture, disait un proverbe italien, il n'y a ni foi ni loi

Aimer signifiait vivre l'alliance indissoluble de la terreur et du miracle

La chute de la grande Tenochtitlán était un malheur qui arriva la semaine dernière

Les journalistes appelaient *kilomètre sentimental* la loi selon laquelle notre intérêt pour autrui est inversement proportionnel à la distance qui nous en sépare ; un mort chez soi est un drame, cent mille morts au delà des mers sont une anecdote

Il se sentait comme un *homo protheticus*, comme un assaillant insatisfait de la *praxis*, comme un exploiteur de lui-même

Et s'ils l'avaient enlevé pour couvrir quelque chose ?

Il s'agissait de kidnapper la jeune éditrice, une femme éblouissante, et, pour éloigner les soupçons, on le kidnappait, lui

Ou bien le gérant de la promotion et des ventes

La Couronne britannique était très embêtée parce qu'une prostituée était la maîtresse du prince

Ils inventèrent un prénom et un nom, et ils tuèrent une prostituée qui n'avait rien à voir avec cette histoire

Plus tard, ils tuèrent la femme qui avait obnubilé l'héritier du trône, et ensuite, pendant quelques semaines, ils en éliminèrent trois autres

Après ces cinq crimes, ils n'avaient plus besoin de Jack l'Éventreur, mais celui-ci commença sa carrière qui se poursuivit jusqu'à nos jours, et la Couronne britannique avait atteint ses objectifs et créé ce splendide rideau de désinformation

Mundos vult decipi, ergo decipiatur : si le monde voulait être trompé, il *devait* être trompé

Pourquoi, pour quelle raison le gardaient-ils séquestré, lui qui ne possédait ni propriété, ni famille, ni argent ?

Et pour quelle raison le garder là si apparemment ils ne savaient pas non plus qui il était ?

Et le bandeau sur ses yeux ?

Et tout cet effort pour s'occuper de lui, pour le garder en vie, le nourrir ?

Algodyssée était un mot qui impliquait à la fois une interprétation métaphysique et quelque chose qui cause la douleur

Il était apparu au lieu de la théodicée et comme son inversion

Comment le mal, la douleur, la souffrance et l'injustice pouvaient-ils se concilier avec l'existence de Dieu ?

Nietzsche déclara que Dieu était mort et Laplace affirma que Dieu était une hypothèse qui avait cessé d'être nécessaire

Aucun des deux ne faisait pourtant d'affirmations sur Dieu en tant que tel, mais seulement sur Dieu tel qu'il se percevait à l'intérieur d'une marque linguistique déterminée

Et le Dieu qui était mort n'était en aucune façon mort, mais il était enseveli dans une langue morte

La langue descriptive ne pouvait parler de Dieu, parce que Dieu n'est pas un objet pouvant se représenter

Si Dieu n'existait pas, s'il n'existait pas un contexte de sens supérieur, comment pourrait-on supporter la douleur ?

Même si, plus encore que la douleur, ce qu'il éprouvait était une extrême faiblesse

L'inconfort de ne pas avoir enlevé ses chaussures ni ses vêtements depuis plusieurs semaines, de ne pas s'être rasé, de n'avoir pas pris son bain, de ne pas s'être lavé ni parfumé ni enduit de crème depuis plusieurs semaines

Diogène Laërce louait ceux qui voulaient se marier et ne le faisaient pas, ceux qui voulaient partir en mer et ne partaient pas, ceux qui voulaient entrer en politique et qui plus tard se désistaient, ceux qui voulaient éduquer les enfants et ne le faisaient pas, ceux qui se préparaient à entrer au service des princes et qui par la suite y renonçaient

Louis Althusser tua sa propre femme au cours d'une attaque psychotique d'aliénation mentale

Freud affirmait que le bonheur était un projet non prévu dans la création

Peut-être qu'un quelconque politicien fasciné par l'allure de la jeune éditrice avait décidé de l'enlever et il s'était, lui, trouvé sur son chemin

Ils le gardaient en vie parce que personne, sinon ce même instigateur, ne devait décider de son sort et il n'était sûrement pas facile de le localiser, et encore moins s'il se trouvait en train d'abuser de la jeune femme dans quelque lieu inconnu

Parce que l'autre hypothèse, celle de sa séquestration en échange de l'argent du prix qu'il était allé recevoir, argent de toute évidence imaginaire et considérable, qui se trouvait on ne savait où, était hautement improbable

Il n'avait même pas vu ce soi-disant chèque

Il n'existait peut-être même pas

Et si les ravisseurs étaient des employés de sa propre maison
    d'édition qui allaient s'approprier ce document ou cet
    argent au moment où il pourrait être obtenu ?

Ainsi, le fait de le garder en vie prenait un sens

De plus, le bandeau sur les yeux pouvait se justifier, afin qu'il
    ne puisse reconnaître personne

Et les boxeurs ?

L'homme qui l'avait porté depuis la camionnette jusqu'à la
    pièce où il se trouvait lui avait pourtant semblé être da-
    vantage un lutteur qu'un boxeur

Il se rappelait sa corpulence excessive et l'étonnement qu'il
    avait éprouvé à être soulevé en l'air sans effort malgré ses
    quatre-vingt-dix-sept kilos

Et les mains si grandes de ce monstre

Une seule main avec laquelle il le tenait sur son épaule lui
    couvrait presque toute la taille

Il s'était peut-être trompé en pensant que la réunion au rez-
    de-chaussée de la maison où il se trouvait, survenue au
    cours des premiers jours de sa captivité, était une réunion
    de boxeurs

Un grand nombre de personnes, pour la plupart des hommes,
    plus de dix, se réunirent pour boire et regarder un combat
    de boxe à la télévision

Cela confirmait l'idée que les ravisseurs, du moins ceux qui
    s'occupaient de lui, étaient susceptibles de fréquenter des
    gymnases, ou des spas, ou bien qu'ils pratiquaient la
    boxe ou la lutte libre, ou qu'ils travaillaient dans quelque
    centre sportif comme arbitres ou managers, ou qu'ils
    avaient été des lutteurs ou des boxeurs

J'ai combattu pendant à peu près vingt-quatre ans, j'ai dix-
    neuf fractures, et certains coups sont très mauvais, je
    crois que le plus terrible a été un coup que j'ai donné un
    jour que je me battais contre Merced Gómez, le fils du
    grand torero Merced Gómez, c'était mon troisième com-
    bat professionnel là, dans la vieille Arena México, et il
    m'a donné un coup qui m'a enfoncé trois côtes, j'ai vu

rouge, je lui ai tiré un direct au menton, il est tombé, les genoux pliés, je l'ai attrapé au vol et lui ai donné un coup de pied dans l'œil gauche, et c'est comme ça que je l'ai tué, je vous le jure

Une fois, j'ai cessé de combattre parce que j'étais dans le plâtre, parce qu'on m'avait enfoncé le sternum, deux côtes s'étaient détachées à l'endroit de la rupture, que sais-je

J'avais des prises préférées, le tire-bouchon, le svastika, la roue, la double Nelson

Il faut accrocher une jambe avec la jambe de l'opposant, passer un bras sous le sien et lui attraper la tête, et, en le tenant complètement immobilisé, saisir l'autre jambe et une fois qu'il est écarté, formant le svastika, tourner autour pour lui enlever la dernière possibilité de s'échapper

Se rappeler tout cela le fascinait et il craignait même d'être en train de l'inventer, ou bien l'aurait-il rêvé ?

Stendhal utilisa au cours de sa vie cent vingt-neuf pseudonymes

Il n'était pas certain que Goethe fût mort en paix

Il hurla pendant trois jours et trois nuits parce qu'il avait peur de mourir

Le sort de ses rêves devait se définir au réveil, soumis à la triple pression de la mémoire, du récit et de l'interprétation

Sa solitude actuelle était comme un destin et il vivait ses chimères comme la solitude

Akira Kurosawa disait que, pour lui, le plus difficile, c'était avant que le personnage ne commence à agir, parce que pour y arriver il devait, lui, réfléchir pendant plusieurs mois

Il voulait se rappeler les minutes qui avaient précédé l'enlèvement pour trouver une clé, une piste, mais il se rappelait chaque fois des épisodes plus lointains

Jorge Ibargüengoitia, Marta Traba, Ángel Rama et Manuel Scorza périrent lorsque l'avion dans lequel ils voyageaient explosa à l'aéroport de Barajas, à Madrid

Il s'agissait de libérer ses pensées sans les troubler avec des préjugés

Pensées comme des oiseaux nocturnes, comme des oiseaux aveugles, mais certaines mordaient

Il devait passer de la notion de trace à la notion de trait, tracé secret, inconscient, réprimé

La répression ne s'exerçait pas sur l'événement, le souvenir ou la trace isolée en tant que tels, mais sur les connexions entre les souvenirs ou entre les traces

Se rappeler était moins important qu'associer, associer librement comme le faisaient les surréalistes

Associer, c'est-à-dire dissocier les relations instituées, solidement établies, pour en faire surgir d'autres, qui seraient fréquemment des relations dangereuses

Le Comte de Monte-Cristo était un roman de l'épuisement

À partir du moment où le comte part à la rencontre de son passé, tout s'efface et tout meurt

Ses victimes, manifestement, mais aussi ses souvenirs, son amour, et, pour finir, même son désir de vengeance

Il ne lui reste qu'à prendre la fuite

Lui, par contre, ne pouvait fuir, ou ne savait comment y arriver

Parménide, contemporain d'Héraclite et originaire d'Élée, en Italie méridionale, rejetait l'insécurité du changement sans pause, et cherchait l'essence du monde dans la sécurité de sa logique implacable, dans la force de la dispute dialectique et dans des dogmes de permanence

Parménide appartenait à la confrérie aristocratique des pythagoriciens, ou du moins eut-il un maître pythagoricien

Il dirigea son attention vers ce qu'il considérait comme la véritable réalité du monde, à la différence de la voie de la supposition et de l'apparence

Il constata qu'à considérer le temps comme une venue à l'être, il fallait qu'un objet soit et ne soit pas en des moments distincts

Ce qui existait était, ce qui n'existait pas ne pouvait même pas être nommé, et ce qui était un ne pouvait être plusieurs

Étant donné que les choses semblaient venir à l'être et l'abandonnaient, le monde des sens était chimérique, le changement et le temps, virtuels, et la multiplicité du monde, rien de plus qu'une impression

Parménide croyait que l'objet de la connaissance devait exister dans l'esprit et être découvert par lui, et non par les sens

Les identités ne pouvaient se définir qu'en fonction des non-identités

Bien que nous pensions l'univers comme l'Un, l'observateur devra se considérer comme extérieur à lui, et un objet ne serait donc susceptible de définition que par le biais des rapports entre le Moi et l'Autre

La chute de la grande Tenochtitlán existe encore, elle a toujours existé et elle existera toujours, parce que la réalité ultime est intemporelle

Le principal livre de Parménide, de qui l'on n'a conservé que très peu d'œuvres, s'appelle *Le chemin de la vérité*

Pour Homère, le monde était le combat entre les mortels et les immortels grecs

Hésiode était terrestre, agricole

Héraclite, un métaphysicien

Parménide était un logicien de l'atemporalité

Les vols commerciaux intercontinentaux avaient moins de cent ans et ils étaient aussi impressionnants et étonnants qu'un ptérodactyle

Dans l'avion au-dessus de la mer, il somnolait parfois et parfois il lisait ou il essayait de lire le livre de Baudrillard, *Cool memories*

C'était une sorte d'autobiographie réflexive sans noms de personnes ou de lieux

Une suite de fragments et d'aphorismes superbes, d'humeur aléatoire, d'ellipses, d'aveux, de nostalgies

Mais il aimait certaines énumérations qui brisaient de temps en temps les observations

Il se rappelait

Paranoïaque avec le feu

Obsessionnel avec la terre

Schizophrène avec l'eau

Hystérique avec le vent

Et aussi

Déjà nous ne sommes plus dans l'ère de la volonté, mais dans l'ère de la velléité

Déjà nous ne sommes plus dans l'ère de l'anomie, mais dans l'ère de l'anomalie

Déjà nous ne sommes plus dans l'ère de l'événement, mais dans l'ère des éventualités

Déjà nous ne sommes plus dans l'ère de la vertu, mais dans l'ère de la virtualité

Déjà nous ne sommes plus dans l'ère de la puissance, mais dans l'ère de la potentialité

Et sûrement d'autres incises dont il ne pouvait se souvenir

Son présent se divisait entre les incertitudes de l'avenir et les confusions du souvenir

Dans le cinéma de Hitchcock, un crime ne se commet pas, mais il se développe, il se donne ou s'échange

Il vivait tout comme un récit

La voiture blanche et élégante roulant dans une avenue inconnue sous la lumière des arcs-boutants

Le malheureux romancier et la jeune éditrice assis derrière

Puisque nous sommes toujours sexuellement fidèles à quelqu'un, toute préférence serait une trahison

Nous sommes toujours en train de faire la monogamie, même lorsqu'il n'est pas évident de déterminer avec qui nous la faisons

Virginité des signes néanmoins corrompus du District fédéral, la surprise devant l'architecture de certaines appellations commerciales

Je suis totalement Palacio

Lassitude, tous les sens en éveil, le corps allégé par les attentes, un état dans lequel tous les dispositifs de l'intuition fonctionneraient avec une grande rapidité

La jeune éditrice comme origine de l'incertitude

Comprendre ce qui s'approche avant d'entrer en scène, laisser flotter les insinuations et les mots d'esprit

Questions typiques de l'enfant prodigue rentré à la maison

Dans un couple, celui qui n'a pas d'amant est d'habitude celui qui aimerait en avoir un, et celui qui en a un est d'habitude extrêmement malheureux

Les couples existent parce qu'il est impossible de se cacher seul

Plus tard, les signes se réveillent, le sens surgit ici et là, fragmentaire

Les scientifiques quantifient actuellement la beauté en unité appelées *hélènes*

Il imaginait que la jeune éditrice aimait être caressée, comme lui-même aurait aimé l'être

Une multitude de perceptions tourbillonnaient autour de son désir

Les hommes pénètrent, soumettent, avancent

Oui, ils jouent au golf et mettent des balles dans des trous

Il n'y a pas d'autre féminité que celle des apparences

En matière de plaisir, nous sommes tous mystiques

Il devinait une certaine angoisse génératrice de jouissance, une servitude merveilleuse, un mal délicieux dont la disparition l'annihilerait

Il n'y avait pas d'extase passionnelle qui n'était alimentée par l'inquiétude, et l'amour n'était qu'un état de douleur euphorique, aussi intolérable que merveilleux, presque divin

La bonne humeur du désir

Il se risqua et posa une main sur la cuisse dénudée de la jeune
éditrice

Il fut fasciné par la douceur, le fait de n'être pas repoussé,
l'acceptation complice et perverse

Il voulait être admis

Attendre l'amour, nous le faisons tous, et mal

L'essence de l'attente est ce qui nous fait souffrir

Un échange rituel

Pourquoi cette femme l'excitait-elle tant ?

Le propre du désir est de ne produire qu'une impropriété de
l'énoncé, barthisa-t-il

Impossible de remarquer s'ils étaient suivis, ou si une voiture
les rattrapait, ou si une voiture devant eux leur imposait
une vitesse déterminée

La jeune éditrice indifférente, condescendante, séductrice,
comme si elle contenait cette force libre et redoutable que
le malheureux romancier tentait en vain de domestiquer

Il y avait toujours quelqu'un qui l'aimerait davantage, qui le
comprendrait mieux, qui le ferait se sentir plus sexuellement vivant

C'était là sa meilleure façon de justifier l'infidélité

Séduire, c'était mourir comme réalité et se produire comme
illusion, baudrillardisa-t-il

Il aurait surinterprété les intentions des voitures qui passaient

Il aimait qu'elle fût jeune, saine, élégante, intelligente, profes-
sionnelle, fruitière, gracieuse

Séduire, c'était écarter l'autre de sa vérité

Le malheur d'être traitée comme un objet sexuel n'est rien
comparativement au malheur de ne pas être désirée du
tout, ironisa-t-elle

C'était le fait d'être séduite qui était séduisant

Les voitures faisaient déjà partie de nos vies

Quelqu'un allait accélérer ou garder le pied sur l'accélérateur,
ou bien il avait besoin d'un ajustement d'écrous, ou d'un
changement d'huile, ou la pédale d'embrayage dérapait,
ou il faisait marche arrière

La voiture freina bientôt si brusquement que le malheureux et
sa compagne furent projetés en avant

Il put voir comment le gérant de la promotion et des ventes parvint à se retenir avec ses bras et ses jambes

La portière de son côté s'ouvrit violemment et une silhouette coiffée d'un passe-montagne le prit aux épaules et l'obligea à se baisser

Dehors, il pleuvinait, et une autre silhouette avec une mitraillette à la main le prit par un bras, il put à peine résister

Les arbres de l'avenue commencèrent à s'agiter comme des femmes exaltées

Il se souvenait du bruit de portières qui s'ouvraient et se refermaient, de voix qui donnaient des ordres, de cris, de grossièretés, d'un certain désordre

Au moment où les mains de l'homme qui allaient le tirer de l'endroit où il se trouvait entraient dans la voiture, le chauffeur disait quelque chose comme *donner les clés*

Ils doivent vouloir la voiture

Il ne vit pas ce qui arrivait au gérant de la promotion et des ventes ni à la jeune éditrice ni au chauffeur

La silhouette avec la mitraillette fit quelques pas en le traînant, et, en même temps, l'autre homme, celui qui l'avait tiré hors de la voiture, le prit par l'autre bras et entre les deux il fut presque soulevé dans les airs

Il vit que les cartes de visite, les serviettes de table et les bouts de papier avec des adresses et des numéros de téléphone s'éparpillaient sur le sol mouillé

Il les avait pris avec lui

Une grande confusion de voitures, de personnes qui couraient, de portières qui s'ouvraient et se fermaient avec violence

La pluie tombait dru

Ils le conduisirent jusqu'à une camionnette Volkswagen sur laquelle il y avait un logo qu'il ne put lire, ils le frappèrent à la tête en le jetant sur le plancher du véhicule, puis ils se mirent aussitôt à califourchon sur lui pour lui lier les mains et les jambes

Une figure explosait et une autre la remplaçait

Il avait peur de n'avoir sur lui ni argent ni cartes de crédit

Il tremblait

Des personnes qui couraient, encore des voix, des cris, une
rafale de coups de feu qui atteignirent un véhicule quelconque

Peur, tremblements, confusion, consternation, trouble

Quatre personnes montèrent dans la camionnette où on l'avait
jeté

Bouteille à quelle mer ?

Y aurait-il encore de l'eau dans l'océan ?

Sa vie était compliquée, difficile, imprévue, sinueuse

Une femme, probablement, lui mit des écouteurs avec la
musique d'un groupe à plein volume et ce fut alors que la
camionnette démarra en faisant hurler les pneus

Il croyait avoir vu l'homme de la sangsue, le dernier pape,
l'homme le plus abominable, le mendiant volontaire, les
deux rois et l'ombre

Le faux et le vrai, le temps, l'espace, tout se mêlait et devenait
flou

Avec quelle facilité l'avait-on soulevé du sol et jeté dans la
gueule du loup

Comme si on le punissait

Nous sommes plus sensibles au mal qu'au bien parce que le
bien ne fait pas de bruit, parce qu'il n'est pas spectaculaire

Ils mirent deux mille ans à construire une ville et maintenant
ils peuvent la détruire en deux minutes

Walter Benjamin s'empoisonna

Ils ne lui avaient pas encore bandé les yeux et il put voir ce qui
était peut-être une jambe chaussée d'un soulier féminin

Il vit que sa veste s'était déchirée et il sentit une douleur aiguë
à un coude

Comme le dirait Cassavetes, il s'agissait de défaire l'espace
non moins que l'histoire, l'intrigue ou l'action

Jackson Pollock travailla comme assistant de David Alfaro
Siqueiros

Cette violence l'avait totalement dévasté

Comme un éléphant déchaîné dans un magasin de porcelaine

Les premiers ossements de dinosaures furent trouvés en 1825,
et, avant cette date, personne ne connaissait leur existence

Les classes moyennes menacées d'indigence se transformaient
en classes angoissées

Un véritable cauchemar peuplé de figures mentales, de morts,
de non-nés, de fantasmes, d'animaux héraldiques, de
personnages du tarot

La pluie qui tombait et comme un précipice, un remous, un en-
tonnoir, et lui qui tombait dans ce défilé provoqué par une
concentration du présent, de la réalité, de la nuit, jusqu'à
l'arrivée sur le plancher de cette camionnette Volkswagen

Pendant la guerre Iran-Irak, les soldats iraniens allaient se
faire tuer avec la clé du paradis autour du cou

Animal de proie ou parasite, tout le monde était à la fois l'un
et l'autre

Ralph Ellison mourut du cancer du pancréas

La vie était ce qui justifiait et elle n'avait pas besoin d'être
justifiée

Maïmonide, le philosophe judéo-arabe du XIIᵉ siècle, écrivit
dans son *Guide des égarés* que le temps se composait
d'atomes de temps, c'est-à-dire de plusieurs parties qui,
de par leur courte durée, étaient indivisibles

Nicholas Bonet établissait une distinction entre le temps
naturel, qui est en propre le temps de la matière sensible,
et le temps mathématique, en tant que séparé par abstraction de ladite matière

Il fit aussi valoir cette abstraction : le temps mathématique
constituerait quelque chose d'abstrait de la totalité de
l'expérience et séparé de la multiplicité des choses, d'où
il pourrait être considéré comme infiniment divisible,
alors que le temps réel serait atomistique

Pour un géologue, un millénaire est l'instant d'un clin d'œil,
mais pour n'importe qui d'entre nous, c'est une période
de temps presque inconcevable

Nous sommes composés de temps partout, mais nous aspirons
à nous libérer

Newton croyait que l'univers avait une antiquité de six mille
ans

Les astrophysiciens nous parlent actuellement de quinze millions d'années

Comment concevoir le temps où vécut cette lointaine cousine découverte en Afrique par Coppens et Johanson, qui a trois millions et demi d'années ?

Comment comprendre l'évolution d'une espèce qui va de l'*australopithecus afarensis* découvert en Éthiopie aux zapatistes du Chiapas ?

Les fourmis ont cent millions d'années

Les termites, trois cents millions d'années

On a découvert en Chine des vestiges d'organismes vivants qui datent de cinq cent soixante-dix millions d'années

Il n'invoquait aucun seigneur et ne voyait aucune clarté dans sa nuit

C'était de sa femme qu'il avait le plus besoin

Pour Kleist, la terrible Penthésilée et la douce petite Catherine

Le plus au delà et le plus en deçà de la conscience

Celle qu'il choisissait et celle qu'il ne choisissait pas

Celle qui hurlait comme une louve et celle qui préférait se taire

Ce n'était pas lui qui dramatisait, c'était le monde

Quant à la vie, elle n'expliquait jamais rien et laissait dans ses créatures tant de zones obscures, indiscernables, indéterminées, impossibles à éclairer quoi qu'on fasse

Dans un livre de Gregory Bateson, il y a un homme qui demande à un ordinateur si les ordinateurs pourront penser un jour

Il écrit la question et l'ordinateur répond : Ceci me rappelle quelque chose

Le récit est ce qui reste ultimement

On ne peut regarder derrière le récit et demander ce qu'il y avait avant lui

On ne peut demander si nous avons fait le récit ou si c'est le récit qui nous a faits

Des gros corbeaux croassaient comme s'ils étaient pris dans une gigantesque couverture

La nuit commença à s'épaissir comme une grande tache d'encre noire effaçant tout indice de civilisation et de sécurité

Si la vie avait un sens, alors la souffrance en avait un, elle aussi

Il n'existait pas de faits, il n'existait que des interprétations, nietzschésa-t-il

5

Multiplicité de voix et la comédienne qui connaissait beaucoup d'œuvres

Sur la chaise où ils le tenaient ligoté, il croyait être à la frontière entre la vie et la mort

Témoin du non-sens de l'Être, comme s'il n'avait pour propos que de révéler l'absurdité des liens et des êtres

Toute perte entraînait avec elle la perte de son intégrité ou de l'Être même

La lumière impliquait l'apogée du sens et il vivait dans l'obscurité absolue

Il croyait parfois ne pas sentir la douleur, comme s'il était anesthésié, toutes ses jouissances suspendues, dans cette attente absurde et ce silence aussi vide que plein

Paroles répétitives et monotones

Dans l'impossibilité de s'enchaîner, ses phrases s'interrompaient, s'affaiblissaient, s'arrêtaient

Un rythme répétitif, une mélodie monotone dominait les séquences logiques brisées et les transformait en litanies récurrentes, obsessionnelles

Mais cette musicalité frugale s'affaiblissait aussi ou se dissolvait sous la pression du silence, et le malheureux romancier semblait suspendre l'articulation d'une quelconque idée faisant naufrage dans le chaos de l'excès d'un milliard de souvenirs impossibles à mettre en ordre

Le début de ses énonciations se faisait toujours lentement, en
   douceur

Les silences étaient longs et fréquents

Ses rythmes ralentissaient

Son intonation était monocorde

Il pensait à son immobilité et à sa cécité comme à une
   concentration pour se défendre d'une situation sans issue
   et contre les chocs inévitables

Sa quête d'affection ne pouvait se manifester autrement qu'en
   produisant de nouveaux langages, des enchaînements
   étranges, des idiolectes, des poétiques

Il ne voulait pas se taire et mourir, il préférait continuer à se
   rappeler et à métaphoriser pour ne pas perdre le sens

Il pensait comme s'il était au bord de ses pensées et il avait la
   sensation d'être au bord de son corps souffrant, mais le
   fond de sa tristesse restait intouché

Il ne manifestait pas d'angoisse : s'il se montrait angoissé, au
   mieux il ne l'était pas

À l'intérieur de ses rêves, rien sinon le désir de rêver, de
   continuer à rêver

Il craignait de finir par se putréfier là, attaché et aveuglé, avec
   son misérable petit tas de secrets

Il ne devait pas montrer trop de peur, ni trop peu

Chez ses ravisseurs, l'arithmétique du trop et du trop peu
   n'existait sûrement pas

L'on ne meurt pas d'être prisonnier, mais l'on meurt d'être
   vivant

La mort était capable de le tuer sans l'aide de liens ni de
   bandeaux

Je me lave dans le sang, cette eau sue le sang, chante le
   Wozzeck d'Alban Berg

Il y a l'amoureux qui désire et l'aimée avec sa beauté désirable

Sous la grammaire se trouvait la pensée

Il était capable de se souvenir de tout, coûte que coûte, c'était
   sa lutte pour la survie

Mais il se sentait engourdi, presque pétrifié, et déjà presque
   incapable de penser, d'observer, de vérifier, de se rappeler, de parler, de refaire partie de la vie là-bas, dehors

Johanna Schopenhauer écrivit des romans snobinards, elle gagna beaucoup d'argent et fut une célébrité à son époque, et son fils, qui, en plus de son chien, avait deux auditeurs à ses cours à l'université, eut pendant quarante ans une édition de cent vingt exemplaires de son livre

Le monde comme volonté et comme représentation

Heidegger fit de la tournure la base de l'Être

S'il n'est pas « tourné vers », notre Moi se rétrécit, nous perdons notre capacité volitive ainsi que notre propre identité

Il entendit bientôt une femme à la télévision, comme si la télévision se trouvait plus près, comme s'ils l'avaient mise au milieu de l'escalier, et cette femme parlait des anges

Elle disait que sa fille serait soignée pour un bras qu'elle allait probablement perdre, et qu'elle avait demandé à Raphaël, l'ange de la médecine, d'opérer à travers le médecin, et l'on apprit ensuite que ce dernier s'appelait Raphaël, et, au moment de l'opération, cette femme affirma avoir vu la pièce remplie d'anges, et, une fois l'opération terminée, l'on apprit que l'assistant du docteur s'appelait Ángel

Il entendit ensuite la voix à l'accent cubain de Cristina

Peut-être son ouïe s'était-elle aiguisée à présent que l'usage de sa vue était suspendu

Il s'imaginait déjà comment seraient les anges avec lesquels ils illustreraient l'émission

Androïdes ou féminoïdes, blonds, avec de longs cheveux frisés et d'énormes ailes, et au mieux ils seraient même armés

Maintenant un homme disait que l'ange de sa femme l'avait fait tomber de sa chaise, qu'il avait une énergie incroyable

Ils défendaient l'idée que chacun de nous a un ange gardien

Qu'il y avait des anges de différentes couleurs, de différentes personnalités, des timides, des volubiles, des extravertis

Il était ébahi de pouvoir entendre aussi clairement, alors qu'il était généralement dur d'oreille

Cristina annonça qu'il y aurait trois autres témoignages après la pause publicitaire

Un homme offrait quarante pour cent de rabais à l'achat d'une voiture de telle marque

On faisait la promotion d'un disque de Pilar Montenegro

C'était comme s'ils avaient mis la télévision à plein volume

Ils parlaient des étoiles du moment et de la guerre des sexes

À son retour, Cristina demanda qu'on lui écrive à une adresse électronique

Un homme disait qu'il avait senti dans son automobile combien grand était l'amour de Dieu, que Dieu lui avait ordonné de s'arrêter et de mettre sa ceinture de sécurité, et que, quatre minutes plus tard, il avait été embouti par une autre voiture qui arrivait en sens inverse et que, même si sa voiture avait fait plusieurs tonneaux, il s'en était pour sa part tiré indemne, tandis que l'agresseur avait laissé son cuir chevelu dans le pare-brise et qu'il agonisait au bout de son sang sur son siège

Et où était l'ange de l'autre ? demanda Cristina

Cette émission signifiait une journée de plus, elle s'ajoutait à combien d'autres ?

Son enfermement n'était pas infini, mais il pouvait se mesurer en jours malgré sa nuit permanente

Galilée et William Shakespeare avaient trente-six ans et Sir Francis Bacon, trente-neuf, quand Giordano Bruno mourut brûlé vif sur la place des Fleurs à Rome

On le condamna à mort parce qu'il croyait l'univers plus grand que celui qui était accepté par la théologie de Rome

Son intérêt pour les astres était métaphysique et chronologique au lieu d'être alchimique et médical

Il était connu pour son livre *De l'Immense et des Innom-brables ou de l'Univers et des Mondes*

Et il fit de l'infinitude des mondes à l'intérieur de l'univers un principe fondamental de sa philosophie

Pour réconcilier cet infini avec notre intelligence, habituée au fini, il rechercha la coïncidence des contraires si chère à Borges, dans laquelle Judas est le Christ ou dans laquelle le traître est le héros, ou bien dans laquelle les ennemis combattent dans des réincarnations successives

Comme s'il rappelait à l'ordre les théoriciens modernes des nombres transfinis, Bruno critiqua ceux qui croyaient que l'éternité du temps impliquait l'inconvénient de l'exis-tence de tant d'infinis, chacun plus grand que l'autre, comme espèce de nombres

Mais cette objection n'était pas applicable à sa thèse, car même s'il existe une infinité de mondes, il n'y a qu'un seul univers infini

En 1600, il fut brûlé sur le bûcher, *au milieu d'un terrible silence*, écrivit-on

Le malheureux pourrait sortir de là libéré par ses ravisseurs, libéré par la police, mort, par ses propres moyens une fois qu'ils l'auraient abandonné, avec son imagination, ou grâce à plusieurs autres possibilités, un tremblement de terre, son ange gardien, une attaque nucléaire, la décision du maire d'ouvrir une nouvelle avenue

Son ouïe s'était aiguisée

Il entendait résonner des sabots de chevaux au loin, des hen-nissements à l'occasion et même un bruit de galop

Il crut aussi entendre pour la première fois aboyer un gros chien

Quand il téléphona de Paris à sa femme pour lui parler du voyage, sa chienne Telera aboya aussi

Sa femme lui dit être enveloppée par une humidité pernicieuse

Elle habitait avec une guérisseuse dans une hutte au sol de terre battue dans une montagne embrumée du Chiapas

Elle déplora que sa meilleure amie, une paléontologue, eût décidé d'accélérer le rythme dans leurs randonnées

Elle voulait amener sa chienne chez le vétérinaire

Elle avait besoin de prendre un bon bain, de se faire couper les
griffes, le pelage, et de suivre une thérapie intensive

Elle souffrait d'une grossesse nerveuse

Elle prenait un jouet de tissu en forme de cube pour son chiot

Pourquoi une chienne cinglée la touchait-elle ?

Avait-elle quelque chose à voir avec sa folie ?

Elle lui expliqua qu'elle ne pourrait aller à México le jour de
son arrivée, parce que la camionnette qui pouvait la faire
sortir de là ne venait qu'une fois par semaine pour apporter des provisions

De plus, une fois dans la camionnette, le voyage n'était pas
simple, car elle devait passer une nuit à Tuxtla Gutiérrez
pour pouvoir prendre l'avion le lendemain matin

D'où me parles-tu ?

Voilà la question totalitaire par excellence

D'où me parles-tu ?

C'est-à-dire : Qui parle en toi quand tu crois t'exprimer ?

Ils s'entendirent finalement pour se voir à l'hôtel où on avait
réservé une chambre pour lui, le lendemain matin de la
remise du prix

Sa femme le remercia beaucoup de l'avoir appelée et le
malheureux romancier précisa que s'il ne lui téléphonait
pas, c'était parce qu'elle-même le lui avait demandé

Oui, c'est vrai, dit-elle, c'est que la sonnerie du téléphone
rompt l'isolement et le rythme de la forêt et, en tant que
scientifique, elle ne pouvait se permettre ce genre de
chose

C'était toujours elle qui l'appelait, deux ou trois fois par
semaine

Elle était venue au Mexique cinq ans auparavant parce que la
guérisseuse qu'elle désirait interviewer était mourante

Mais cinq ans avaient passé et elle n'en finissait pas de mourir

Au début, ils se voyaient à Cancún ou à Puerto Vallarta,
entourés d'amis

Il l'examinait et la cernait sans cesse, mais elle sortait toujours
du cercle, elle ne coïncidait jamais avec ses attentes, elle
se moquait de tous les efforts qu'il faisait pour l'entourer
ou la circonscrire

L'amour, oubli de tout, était un appel à l'autre

Elle devait l'accompagner à un repas à Dallas, au Texas, et le matin où elle devait quitter Tuxtla, on ferma l'aéroport à cause d'un cyclone ou d'une tempête tropicale

Comme elle ne pouvait l'avertir qu'elle n'arriverait pas, sa femme prit un taxi et mit un peu plus de deux heures pour traverser l'isthme de Tehuantepec, et elle réussit à monter à bord d'un avion à Poza Rica, Veracruz, qui la conduisit à Monterrey et, de là, à Dallas

Sa femme aimée était dans un état de résurrection permanente

Mais elle ne voulait pas quitter une fois de plus la forêt

Elle se justifiait par la valeur et l'importance de ses recherches, recherches qui, selon l'évaluation du malheureux, devaient remplir des volumes et des volumes, autant que ceux des informateurs de Sahagún ou les *Episodios nacionales* compilés par Salado Álvarez

Où pouvait-elle être maintenant?

Il décrivait son mariage comme l'unique peine d'emprisonnement à perpétuité qui était annulée pour mauvaise conduite

Cela lui importerait-il de savoir qu'il était séquestré?

Chacune de ses relations était différente et il était différent dans chacune d'elles

Mais c'était pour cela que la relation avec sa femme était si perversement intéressante

Empédocle identifiait l'amour et la discorde comme les deux forces cosmiques dont l'interaction dominait de plusieurs façons la trame de l'existence

Il croyait dans un univers oscillant entre deux pôles d'unité et de diversité

La perception était due à la rencontre entre un élément existant en nous et le même élément procédant de l'extérieur

Il serait trop facile de croire que la pensée est un acte simple, clair en lui-même, qui ne met pas en jeu toutes les puissances de l'inconscient et du non-signifiant

Empédocle tenta de réconcilier la définition de l'être comme permanence telle que mise de l'avant par Parménide, avec l'expérience du changement identifiée par Héraclite

Il réunit sa théorie de la perception et sa philosophie de l'interaction organique et décrivit la nature comme une combinaison et une séparation de choses entremêlées

Parménide vivait en Sicile et pratiquait la médecine

Un logicien de l'intemporalité

Une déesse et un mortel, Pallas Athéna et Ulysse, conversant aimablement, s'injuriant et se moquant l'un de l'autre avec espièglerie : érotisme suprême

Rossini composa *Le barbier de Séville* en moins de deux semaines

Balzac écrivit quatre-vingt-cinq romans en vingt ans

Son isolement était scandaleux

Il sentait ses forces s'épuiser

Il croyait être devenu inapte à tout, à vivre, à être, à écrire, à marcher, à penser

Les développements habiles, les paroles harmonieuses étaient particulièrement devenues impossibles

Il croyait connaître par cœur d'innombrables poèmes et ne parvenait à se souvenir d'aucun

En exprimant sa souffrance, il affirmait ce qui était négation et la vie avant la mort

Ses mots étaient réels parce qu'ils ne pouvaient se projeter vers un non-langage qui devait être et se réaliser

Il ne pouvait être sans penser, mais le fait de penser l'empêchait d'organiser ses pensées

Il s'interrompait, recommençait

Son effort semblait ne pas avoir de fin, de même que sa passion n'avait pas d'espérance

Encore une parole, un souffle d'air, une prière, une seule preuve qu'il était toujours en vie, qu'il respirait et qu'il espérait

Il avait beaucoup lu et il croyait en ce qu'il avait lu

Être soi-même, c'est se tuer soi-même

Sophocle, Dante ou Shakespeare virent la réalité de l'inhumain que l'homme peut être pour l'homme, et ils considérèrent la condition humaine comme essentiellement tragique

Wagner et Verdi naquirent la même année

L'illimité d'une faute qu'il n'avait pas commise

Si quelqu'un mange chaque fois qu'il a faim, il se peut qu'il ne découvre jamais en quoi consiste la faim

Le malheureux avait faim

Son estomac devait s'être énormément réduit, c'était pourquoi il se satisfaisait maintenant de très peu de nourriture et de très peu de liquide

Il avait les lèvres fendillées, déshydratées, desséchées

Dans ses souvenirs, il y avait peu de tempêtes, comme si, dans le souvenir, chaque tempête s'était apaisée

L'on doit permettre, écrivit Fromm à Ferenczi en 1914, *une multiplicité de voix, et même un mélange comprenant tel ou tel pourcentage d'absurdités*

Fromm savait qu'une voix non contaminée était un contresens

Judas, saint Grégoire, Faust, Œdipe, Joyce, T. E. Lawrence, Kerouac : ses transgresseurs préférés

T. E. Lawrence se voyait lui-même constamment comme un escroc

Et je récupérai ma cape de fraude

Jack Kerouac retraçait ses ancêtres jusqu'au Canada, en Irlande, en Cornouailles, au Pays de Galles et en Bretagne

Il parlait aussi de Tristan et du cavalier tartare qu'il avait été dans ses vies antérieures

Dans des lettres envoyées à ses amis, il affirmait avoir été, dans ses vies antérieures, Bouddha, Shakespeare, Balzac, le compositeur Buxtehude et un étrange bandit de grand chemin anglais appelé Robert Horton, qui était mort sur le gibet

Il confia même à Carolyn Cassady qu'il avait été le Christ et retrouva des ancêtres des Kerouac en Écosse, en Angleterre, en Russie et en Perse

Le monde lui montrait de mille façons que la vie n'était pas
   gratuite et qu'il fallait payer pour elle

En 1967, Lacan dit que le fou était le seul homme libre

Il arriva quinze minutes à l'avance à son rendez-vous et ouvrit
   le journal *Libération* qui vociférait *négociation, terrorisme, amnistie* sur huit colonnes

Un prêtre pédophile allait être condamné

La santé du pape s'améliorait

Pourquoi l'Afrique des années soixante était-elle infiniment
   plus prospère que celle d'aujourd'hui ?

Les Cubains accusaient les États-Unis de faire des attaques
   biologiques avec des pesticides agricoles

Le Pentagone niait toute responsabilité pour les conséquences
   horribles de l'Agent orange sur les humains et sur l'envi-
   ronnement

C'est alors que la jeune éditrice arriva avec son manuscrit sous
   le bras

Elle portait une robe de coton blanc, imprimée de petites
   gerbes de fleurs sauvages

Ce fut comme si l'aube se levait deux fois

Jeune, fraîche, radieuse, décolletée, presque fruitière, fascinante

Elle lui dit qu'elle était impressionnée par le nombre presque
   accablant de motifs traditionnels qu'il avait développés
   dans son roman

On y trouvait l'allié du diable, le rapatrié, l'enfant trouvé,
   l'homme entre deux femmes, le double, la courtisane au
   grand cœur, le vieillard amoureux, le frère traître, le
   conflit amoureux dû aux origines, l'emprisonnement de
   l'innocent, enfin

En lui signalant différentes parties du manuscrit

La réalité disséminée, l'abondance de personnages de faible
   influence qui se transformaient en personnages princi-
   paux pour redevenir secondaires

Les événements qui se posaient sur les personnages et qui
   n'appartenaient pas à ceux qui les subissaient ou qui les
   provoquaient

La jeune éditrice ressemblait à une comédienne qui connaissait beaucoup d'œuvres

Elle se disait fascinée et rejeta totalement les objections du malheureux romancier qui parlait de l'aspect interminable de son projet

Diane Ackerman déclare que chaque fois que nous prononçons le mot *fascinant*, nous faisons allusion au pénis

En latin, le *fascinum* était l'image d'un pénis en érection que les gens idolâtraient et qu'on suspendait dans la cuisine ou dans les chambres, ou qu'on portait au cou comme une amulette

Elle lui suggérait d'intervertir les chapitres trois et neuf, de mettre le premier chapitre à la fin et disait qu'il n'était pas nécessaire d'augmenter le nombre de pages ou d'écrire un autre chapitre

Il partagea son avis

De temps à autre, le regard de cette femme lui manquait

Il lui raconta qu'un monument à Karnak, en Égypte, commémorait la vengeance du pharaon Merenptah contre l'armée libyenne, qu'il avait vaincue

On y avait inscrit le nombre de pénis tranchés que son armée avait rapportés au pays

Phallus de généraux libyens : 6

Phallus tranchés de Libyens : 6 359

Philistins morts, phallus tranchés : 222

Étrusques morts, phallus tranchés : 542

Grecs morts, phallus présentés au pharaon : 6 111

Connais-tu Karnak ?

Tu aimerais y aller avec moi ?

Il se trouvait attendrissant dans sa pornographie contemplative

Par son regard, il rendait un hommage confus à sa perfection

Même la jeune éditrice lui précisa qu'il n'aurait rien à faire, qu'elle se chargerait d'effectuer tous les changements, et elle camoufla de sa main un petit bâillement

Pardon, balbutia-t-elle

L'initiative de la séduction consistait toujours à éveiller les apparences latentes

Il aimait que ce qu'il avait écrit éveillât sa passion

Si le roman commence par le chapitre deux, c'est beaucoup plus fort, expliquait la jeune femme

Ce personnage qui erre entre les tombes en expliquant aux morts les dernières nouvelles des journaux nous permet d'entrer de façon exemplaire dans le vif du sujet

Ou, mieux encore, il aurait aimé que ce qu'il avait écrit fît surgir la passion en elle

Une certaine passion

Il pouvait deviner qu'elle pouvait ou voulait être séduite, car elle se laissait prendre dans de nouveaux engagements, comme dans un piège amoureux

Le malheureux lui montra dans le journal qu'Elvis Presley ferait un spectacle virtuel là, à Paris

Un orchestre réel accompagnerait le récital du défunt Presley enregistré sur vidéo

Je n'ai jamais vu ce genre de spectacle, disait-elle

Toute cette conversation le comblait de joie, la lumière du matin, de la conversation, des promesses

Un art de vivre au-dessus de l'abîme, barthisa-t-il

Il la voyait chargée de futur, comme un rendez-vous irrémédiablement reporté, et cela le plongeait dans une délicieuse inquiétude

En acceptant cette petite souffrance qui, aurait dit Proust, « entrait dans son âme comme des hordes d'envahisseurs », il reconnaissait simplement que le non-repos était la vérité de toute relation sentimentale

Les démons ou les vampires étaient libres de répondre aux exigences du premier acte, mais ils étaient déjà les esclaves du deuxième

Ils scellèrent leurs engagements en buvant un vermouth

En elle, le féminin ressuscitait en une provocation joyeuse, en une forme lascive d'exhibition gratuite, de mise en scène ironique

Perversion légère, presque transparente

Nouvelle allégorie du corps

L'on se consume de passion, mais on se nourrit d'obsessions

Ils buvaient du bourbon comme s'il s'agissait d'une agression, comme un adverbe négatif contre la réalité

Elle lui demanda s'il était un mari fidèle

La plupart des gens ne se seraient jamais consacrés à la monogamie s'ils n'en avaient pas entendu parler

Tout le monde était exclu de la possibilité d'être un autre

Mais cela n'apportait aucun réconfort

Le couple était ce qu'ils avaient de plus semblable

Je peux t'offrir la fidélité d'un homme qui n'a jamais été fidèle, borgésa-t-il

Et, oh ! j'ai besoin de toi

L'obsession était la forme alimentaire de la passion, baudrillardisa-t-il

La réciprocité n'était pas la vérité de l'amour, elle n'était qu'un mirage, une erreur ou un malentendu

S'il affrontait franchement la mélancolie de sa condition, il saurait que le sentiment n'élimine pas la distance entre les êtres, mais qu'il la creuse

Mais il refusait de penser à cela

Le physicien Boltzmann expliquait que la flèche du temps, allant du passé au futur, ne valait que dans des mondes ou des systèmes individuels

Pour l'univers entier, les deux directions du temps seraient impossibles à distinguer, de la même façon qu'il n'y a dans l'espace ni haut ni bas, c'est-à-dire ni hauteur ni profondeur

Dans le deuxième acte, il se rendait au Mexique et on le kidnappait

Copernic lui avait montré qu'il n'habitait pas au centre de l'univers

Darwin lui retira le privilège d'être le roi de la création

Freud ne le laissait pas respirer et lui montrait qu'il n'était même pas le propriétaire de sa propre psyché

L'humain était déjà à l'image d'un ordinateur

La gauche, toujours plus isolée et encerclée, avait perdu la capacité d'imaginer quelque alternative à l'ordre existant

Il pourrait dire comme Ulysse que son nom était *Personne*

L'incorporation ou l'introduction d'événements dans la poésie épique d'Homère se rapproche analogiquement de l'art protogéométrique du XIe siècle de l'ère chrétienne

H. Frankel analysa le concept du temps dans la première
littérature grecque et crut avoir trouvé chez Homère une
indifférence totale au temps, faisant allusion à l'absence
d'un concept de fluide temporel universel

Le temps n'est ni au-dedans de nous ni en dehors de nous

Le temps est la trame dans laquelle les êtres se développent à
eux-mêmes dans une métamorphose de figures

Stendhal se fit enlever cinquante pages de *La chartreuse de
Parme*, et il les réécrivit en quelques heures à l'impri-
merie, les improvisant sur place

Conrad, Henry James et Max Aub dictaient leurs livres à des
secrétaires hommes ou femmes

La tristesse, la peur, l'agonie

Préludes obligés pour l'autoréalisation et la satisfaction

Il aimait penser ainsi

Et dans chaque entrelacement trouver une construction tem-
porelle qui renferme en elle quelques-uns des fils de
cette toile polynodale tissée pour nous par les figures du
temps

Theophrast Bombast von Hohenheim, mieux connu sous le
nom de Paracelse, naquit un an avant l'arrivée de Colomb
en Amérique et trente ans après Nicolas de Cuse

C'était un néoplatonicien mystique qui recherchait les liens
entre le macrocosme du monde et le microcosme de
l'homme

Mais ses tendances étaient protoscientifiques, et il éprouvait
un intérêt considérable à l'égard de l'alchimie et de la
magie

Les étoiles, écrivait-il, sont les indicateurs lumineux du temps,
mais elles ne génèrent ni ne gouvernent les actions de
l'homme, bien au contraire, quiconque est sage dominera
les astres

Paracelse observa que non seulement la vie, mais aussi le
cours des maladies avaient leur temps

Le médecin, disait-il, devra agir contre le temps, car la médecine doit vaincre le temps

Il fit valoir l'idée de l'horloge biologique en affirmant que les
processus vitaux étaient en soi des horloges

Le cycle d'une rose couvrait moins de la moitié d'un été, alors que celui d'un genévrier se prolongeait pendant trois années astronomiques

En 1969, le président Richard Nixon renonça aux armes chimiques et biologiques et démantela presque l'organisme états-unien chargé de cet armement

Il ne le fit pas par altruisme, mais parce que c'était une façon de freiner les pays plus pauvres, qui pouvaient acquérir une capacité de guerre biologique capable de rivaliser en puissance létale avec les armes nucléaires

Le désespoir de sa solitude était une source inépuisable d'espoirs

Ses lamentations plaintives étaient son euphorie

L'obscurité était là la première, l'obscurité le précédait

La véritable apocalypse ne se produisait pas avec la vision d'une ville, qui serait malgré tout extérieure, mais avec l'identification de la ville avec le corps même d'une personne

Dans l'apocalypse, les murs tombent effectivement, les murs qui séparent l'intérieur de l'extérieur, le public du privé, le corps physique du métaphysique

C'était comme si les murs de sa prison avaient grandi lentement

Il devait déchirer les Habits neufs de l'empereur

Les images d'une société vigilante qui marquerait des heures égales pour tous

En grec, Hélène signifie *forme des formes*

Les enfants assimilaient vaguement le jeu de la désobéissance

La société enfantine entourait ses activités d'une véritable stratégie du secret, supportait difficilement le regard des adultes et éprouvait devant eux une inextricable timidité

Son identité était comme une armée de désirs, d'appétits, de convoitises, de caprices, de prétentions et de demandes

Il recherchait les sensations de vertige et d'égarement comme des sources de plaisir

Le moi était un rêve, écrivit W. H. Auden, jusqu'à ce que le besoin d'autrui le crée en le nommant

Je me suis réveillé de l'enfance, machadoïsa-t-il, toi, tu ne te réveilles jamais

Sa vie avait été confuse et désordonnée

L'obscurité paraissait parfois bénéfique et heureuse parce qu'elle permettait de pressentir la grande obscurité qu'il y avait avant la première parole, de laquelle naquirent toutes les choses

Et elle était en même temps oppressive parce qu'elle le plaçait de nouveau dans cet état où il ne possédait pas encore la parole

Où il n'était pas encore un homme

Un sondage Gallup indiquait que, aux États-Unis, quarante-deux millions de personnes croient à l'astrologie

L'inexploré, l'inaccessible, le jamais nommé, l'innommable l'attendaient

Comment se sentir ?

C'était comme si on le menaçait de lui enlever les mots pour le renvoyer à une obscurité aussi primitive que définitive

6

Une société de méchants
et le cinéma discrépant

Il n'était pas menacé de perdre une partie de lui-même, mais la vie entière

Il se sentait embrouillé, non par le silence ou l'obscurité, ni par le caractère insupportable de sa réalité, mais par la multiplicité simultanée de ses voix

Par l'intense, l'exaspérante épiphanie qui l'assaillait de toutes parts

Comme dans les pages d'un roman de Kafka

Se mouvant dans une réalité non euclidienne, mobile et élastique, comme s'il vivait dans un immense *chewing-gum* que quelqu'un était en train de mastiquer

Pour rester en vie, il était prêt à résister, à l'épanchement, à l'hémorragie, au flux

Figé dans cette forteresse, traqué par des fantasmes qui n'avaient rien de gracieux

Impuissant à l'extérieur

Impossible à l'intérieur

Le limité et l'illimité, l'immobile et l'équilibre instable

Il pensait à la sortie, à la porte, à la lumière, au dehors, aux chevaux, aux chiens, à la fuite, à courir, à l'air, aux voitures, au mouvement, tout ce monde où les autres vivaient et vers où il essayait de s'échapper pour se sauver

Mais culpabilisé, interdit, il revenait, il reculait, il ne pouvait plus bouger, il trouvait l'angoisse, il avait peur

Il se sentait envahi par son propre cadavre

La mort qu'il incarnait l'horrifiait

L'asphyxie qui ne sépare pas le dedans du dehors ni le dehors du dedans, mais qui les aspire l'un dans l'autre à l'infini

Un malheureux romancier mort en pensant : Je suis ce qui explose de passion et d'horreur dans les poumons du souffrant, sortez-moi vite d'ici

Moins terrifié par la cessation de son existence que par cette existence incessante qui l'enveloppait

Sans salut, dépossédé

Son récit était la narration de la démesure, du sans-limite, de l'impensable, de l'insoutenable, de l'impossible à symboliser

Rejeté, exclu

Il ne pouvait déjà plus être celui qu'il était, ni homogène, ni totalisant, mais il était redevenu catastrophique

Il n'arrêtait pas de délimiter son univers, dont les confins fluides mettaient constamment sa solidité en question et l'incitaient à recommencer

Bâtisseur infatigable, le malheureux est un égaré

Un voyageur dans la nuit infinie

Il a le sentiment du danger, de la perte que représente le temps qui passe, mais il ne peut s'arrêter de penser ou de penser ce qu'il dit

Paroles, paroles, paroles

Jeté là, en loques, abject, nauséabond

Il se perdait dans ses mots

Et plus il se perdait, plus il se sauvait

Jack Kerouac écrivit *The Subterraneans* en deux jours et trois nuits sans s'interrompre

Ce livre irrita plusieurs personnes qui avaient, à leur insu, servi de modèles

Notamment un boxeur gay, ex-soldat de la Marine, qui se vengea en flanquant une raclée à Jack

En guise de représailles, un ami de Jack, Henri Cru, rossa le boxeur

Mais, résolu à prendre sa revanche, le boxeur sillonna quelques jours plus tard le Village à la recherche de Jack, et le trouva complètement soûl près d'un bar appelé San Remo

Jack héla un taxi, mais le chauffeur, en le voyant tituber, refusa de le laisser monter

Le boxeur était avec deux amis, et Jack, désespéré, les traita de *maricas*

Le boxeur se jeta sur Jack et le frappa à maintes reprises à la tête, lui tailladant le visage avec une grosse bague en argent, tandis que Jack le regardait, fixait son regard étrangement furieux, et murmurait : Qu'est-ce que je t'ai fait ?

Jack ne fit rien pour se défendre, et il éclata même de rire pendant qu'ils le battaient

Comme il l'expliqua par la suite à Cru, quand il se soûlait, il se prenait pour Jésus-Christ, et c'était pourquoi il ne rendait jamais les coups

Le boxeur lui cassa le nez et un bras

Gilles Deleuze se suicida

Rilke écrivit la majeure partie des *Élégies de Duino* et les *Sonnets à Orphée* en moins d'un mois

Le malheureux était seul

Il n'était même pas sûr d'exister ou non

Il sentait presque bouger son esprit

Bien que le propre de l'esprit soit d'ignorer s'il existe ou s'il n'existe pas

Et de précéder toutefois toute autre chose

Ses pensées étaient diffuses, indéfinies, et semblaient provenir de l'époque où il fréquentait l'université

Il recréa un philosophe du passé, en le faisant avec son esprit

Selon Philolaos de Tarente, les pythagoriciens croyaient que tout ce qui peut être connu a un nombre, et qu'il est donc impossible de saisir quoi que ce soit avec l'esprit ou de le reconnaître sans le nombre

Il se souvenait de cela aussi avec son esprit

Il voulait être capable de continuer, de se maintenir centré, unidimensionnel

Aristote supposait que les pythagoriciens croyaient que les éléments des nombres étaient les éléments de toutes les choses et que le ciel entier était une échelle musicale et un nombre

Pour les premiers pythagoriciens, écrire un nombre était un acte créateur, de la même façon que nous le pensons de l'acte de peindre

Ils identifiaient la création du monde avec la génération de nombres à partir de l'unité initiale

Ils considéraient que les âmes transmigraient, même entre espèces distinctes, en même temps qu'ils défendaient l'affinité entre les âmes et les étoiles du ciel

De même que les nombres peuvent être pairs ou impairs, limités ou illimités, le monde consistait en l'harmonie des contraires, comme entre un et plusieurs, masculin et féminin, bien et mal

La deuxième moitié du VIe siècle avant Jésus-Christ passa, et Pythagore et les pythagoriciens élaborèrent une théorie protoscientifique et mystique de l'univers et du monde

Un monde d'ordre numérique qui contenait néanmoins en lui la discorde entre les opposés

Il pensa à la femme sans nom le soir de la remise du prix

Il pensa à un plaisir fascinant, le plaisir de celui qui contemple ce qu'il ne possède pas

Cette scène était celle qui le préoccupait le plus

Cette femme belle, nonchalante, intéressée, qui le regardait d'un air inquisiteur et doux

La scène, qu'il imaginait chaque fois différente, répétée, déformée, détruite, recomposée

Il tremblait légèrement

Il pensait à cette femme et son esprit se remplissait d'une saveur jusqu'alors inconnue

D'une essence, d'une certaine plénitude

Comme si son cœur grossissait

Il devait se rappeler quand et où il avait connu cette femme

Comment elle avait été à cette époque et comment ils avaient interagi, ce qu'ils avaient été l'un pour l'autre

S'il parvenait à cette récupération, tout s'organiserait lentement

Il avait besoin de reconstruire un récit pour y jeter toutes les formes, tous les calculs, tous les actes qui devaient s'accomplir

Il roulait et déroulait les tapis de l'esprit

Le temps était une suite lente de vagues ardentes qui l'atteignaient et l'abandonnaient

Une chose arrivée est un fait futile

Mais une chose arrivée et un regard qui la refoule en lui est le tout

Il était simple de penser à soi comme à un fantasme emprisonné dans une boîte d'os et de chair, attaché avec des cordes solides et les yeux bandés avec un tissu résistant

Aucune autre histoire ne pouvait se comparer au *Mahābhārata*

Non seulement par la longueur du texte, trois fois plus long que la Bible et sept fois plus long que *L'Iliade* et *L'Odyssée* réunies

Le libéralisme dit que la liberté d'un individu s'arrête là où commence celle de l'autre

Dans une scène de *La nuit* d'Antonioni, on voit, dans la main d'un personnage, un exemplaire de la traduction des *Somnambules* d'Hermann Broch publiée par Einaudi

Il n'avait que des souvenirs désordonnés, de plus en plus désorganisés à mesure que son enfermement se prolongeait

Cette image était celle du processus platonique de la connaissance : il n'existe pas de nouveauté, il n'existe que le souvenir

Le nouveau est ce que nous avons de plus ancien

Seul l'amant est *éntheos*, dit Platon

Seul l'amant est *rempli de Dieu*

Dionysos était le dépeceur et le dépecé, de même qu'Apollon était le poursuivant et le poursuivi

C'était comme si tous ses organes s'étaient gâtés, avaient maigri, s'étaient presque pétrifiés, desséchés, et qu'ils étaient sur le point de ne plus fonctionner

En revanche, son cœur avait toutes les peaux du serpent, les sept doubles plis, comme les boucliers impénétrables

Contre une idée, même fausse, toutes les armes manquent de pouvoir

Dans sa jeunesse, Luis Buñuel se promenait dans les rues de Madrid déguisé en prêtre catholique

Ledomir, la nymphe de la Volga, était appelée *racine du moins un*, *nombre irrationnel* ou *imaginaire*

Le nombre sept indique la rencontre androgyne entre le trois masculin et le quatre féminin

Il avait l'impression d'être en train de s'éteindre et ne distinguait déjà plus s'il pensait en heures de veille ou s'il rêvait, car il ne pouvait contrôler les longues périodes de veille ou les périodes équivalentes pour dormir et se réveiller

Si ses rêves n'étaient pas vrais, le rêveur ne l'était pas non plus

S'il pensait : Je suis, sommeil et rêves se transformaient en scandales métaphysiques parce que quand il dormait, il n'existait pas

Kant résolut le problème en nommant pensées même ce qui s'articulait dans les rêves, en affirmant qu'on rêvait pendant tout le temps qu'on dormait, même si, après, on allait tout oublier

Avant lui, Leibniz dut affirmer l'existence d'un fluide ininterrompu de pensées confuses qui étaient en réalité des non-pensées

Hegel disait par contre que la réalité était le réveil

Mais si, au réveil, il n'y avait rien de plus que l'obscurité, le rêve et l'état de veille étaient donc également irréels

Quelqu'un qui n'était pas celui qu'il croyait être, quelqu'un qui, à l'intérieur de lui, savait plus que lui ce qu'il aimerait faire, ce qu'il aimerait apprendre, de ce dont il avait le plus peur

Un être passionné par le *collage** injurieux, par les objets récupérés, un artiste d'avant-garde, postmoderne, semblait monter les scènes

Il dormait et on lui arrachait ses couvertures

C'étaient trois adolescentes fraîches qui riaient malicieusement et il ne portait qu'un long tee-shirt qui découvrait ses organes génitaux qu'il essayait de couvrir, à demi désespéré et à demi assoupi

Il y avait un lit énorme dans cette pièce au plafond voûté très haut

C'était un édifice colonial, ou peut-être l'intérieur d'une église

Les murs blancs, beaucoup de lumière

Nostalgie de la lumière

On entendait des voix dehors, des voix évoquant le moment de la récréation dans une école de filles

Ces jeunes filles, après lui avoir arraché ses couvertures, se ruaient pour lui enlever son tee-shirt et il essayait de se défendre, mais l'une d'elle lui saisissait les mains avec tant de force qu'elle lui faisait mal

Il se réveilla alors et les mains de cette fille étaient les liens qui le serraient, peut-être parce qu'il les forçait

Il avait une formidable érection et il tenta de se masturber, mais les liens l'en empêchaient

Il se demanda si quelqu'un l'épiait

S'il y avait quelqu'un d'autre dans la pièce où ils le gardaient

Les différences entre les émotions provenaient des noms avec lesquels on les désignait

Un adolescent insolent, nous le qualifions peut-être d'*enragé*

Mais s'il est en train de fuir une avalanche, le terme approprié serait *apeuré*

Et s'il avait enlacé une jeune fille dans une étreinte intime, il expérimenterait cet état particulier comme l'*amour*

Mais ces mots ne diraient rien de vrai sur ces situations, ils ne feraient que les masquer

Un certain Plutchnick est arrivé à la conclusion qu'il n'y avait que huit émotions fondamentales, c'est-à-dire la peur, la colère, la joie, la tristesse, l'acceptation, le rejet, l'attente et la surprise

Il avait pensé à des hypothèses plus fantaisistes

Ils le détenaient pour un motif qui n'avait rien à voir avec son identité, pour extraire ses organes, par exemple

Mais comment pouvaient-ils savoir si son pancréas ou son foie ou ses yeux ou son cœur fonctionnaient correctement ?

Ou pire encore : il avait lu qu'en Uruguay les militaires s'entraînaient à la torture sur les corps de dissidents politiques et de mendiants

Il n'avait pas peur qu'ils le torturent, parce qu'ils l'auraient déjà fait, mais au mieux testaient-ils sur lui quelque nouveau gaz, quelque bactérie, quelque vaccin

Il avait entendu dire que, lorsqu'ils avaient envahi le Panama
pour enlever Noriega, les États-Unis avaient testé des
micro-ondes qui chauffent la peau, des génératrices de
son qui font vibrer les organes internes, des rayons lasers
qui brouillent la vue, d'autres qui tranchent en deux des
voitures et des maisons, et bien d'autres systèmes non
chimiques ou biologiques
Le Programme conjoint des armes non létales se propose notamment d'endormir les gens avec des drogues, particulièrement les civils potentiellement hostiles pendant les
insurrections
Ces drogues comprennent des sédatifs, des calmants comme
la kétamine, un narcotique se trouvant sur la liste de la
DEA, ainsi que certains hallucinogènes, relaxants mus-
culaires, des opiacées semblables aux composants chimiques de l'héroïne et des substances à l'odeur incroya-
blement infecte
Ils possédaient des microbes conçus génétiquement pour
détruire les véhicules, la machinerie et le ravitaillement
de l'ennemi
La Marine disposait d'un microbe génétiquement modifié
pour détruire le plastique
Il n'y avait rien que ces bestioles ne pouvaient dévorer
Ils avaient également testé de nouvelles armes non létales au
Kosovo
Parce que la nourriture et les liquides très bizarres qu'on lui
administrait constituaient l'aspect le plus étrange de sa
captivité
Si ses ravisseurs étaient des soldats, le bandeau sur les yeux
s'expliquait
S'ils ne parlaient pas l'espagnol, leur silence s'expliquait
Mais : et Cristina ?
S'ils étaient des soldats, ils ne regarderaient pas ce genre
d'émission, et il n'avait d'ailleurs rien entendu qui évo-
quât des bruits de caserne ou le silence d'une prison
Il se trouvait dans une maison, dans une pièce avec un plancher
de bois, à un étage supérieur, sans qu'il fût en mesure de
préciser si c'était le deuxième ou le troisième étage

Il n'y avait pas d'étage au-dessus ni de voisins à côté, et les rares bruits qu'il avait entendus dehors semblaient très lointains : un galop et des hennissements de chevaux, des aboiements de chiens

Pourtant, quelques heures plus tôt, il avait cru entendre les pleurs d'une femme, étouffés par quelque chose comme un oreiller

Il sursautait parfois parce qu'il entendait des pas qui montaient un escalier, mais ils poursuivaient leur chemin sans s'arrêter

Il y avait peut-être d'autres prisonniers ou d'autres prisonnières

Le problème était : jusqu'à quand allaient-ils le garder là, pourquoi le gardaient-ils là, pourquoi le gardaient-ils attaché, les yeux bandés, mal nourri ?

Seraient-ils des guérilleros ?

Et qu'espéraient-ils prouver ?

Il aurait aimé savoir si quelqu'un là-bas, dehors, était au courant de sa captivité et songeait à le délivrer

Comme dans un éclair, l'image du chauffeur Austreberto tombant sur le sol mouillé le soir de l'enlèvement

L'auraient-ils assassiné ou seulement frappé ?

Il s'efforçait de se rappeler ce qu'avait fait ou dit la jeune éditrice

Il avait la sensation, mais non le souvenir, qu'en même temps qu'on le tirait hors de la voiture, on faisait la même chose à la jeune éditrice de l'autre côté

Il croyait même revoir un de ses souliers sur le sol de la voiture

Un soulier au talon invraisemblable sorti d'un de ses pieds pendant qu'on la tirait dehors

Brianda Domecq fut séquestrée pendant onze jours, puis délivrée par des policiers qui surveillaient de loin la maison où elle se trouvait

Dans ses rêves, des récits complexes se déroulaient en l'espace d'un instant, dans un point tô rencontre unique de plans compénétrés, et les sens se transmettaient rapidement et préverbalement, de telle manière que son interprétation en mots serait toujours une contrefaçon

Ces rêves, observa Proust, aidaient à comprendre la sub-
jectivité de l'amour, en nous mettant en un instant une
femme dans la peau, en nous faisant nous éprendre en un
moment d'une femme jamais vue auparavant, en
permettant un résultat qui, dans la vie réelle, exigerait
des années de petites adaptations successives pour se
réaliser

Arp disait que seuls les bourgeois et les professeurs d'espagnol se préoccupaient des dates, parce que le temps était
une construction bourgeoise, et que ce qui était dadaïste,
c'était de convertir une heure en cinquante minutes

Quand Elvis jouait de la guitare acoustique dans ses premiers
films, il en émergeait un solo de guitare électrique

Quand, dans l'image, apparaissaient des musiciens l'accom-
pagnant avec une basse et une guitare, on entendait des
cuivres et un piano

Quand il chantait, la bande sonore était désynchronisée d'au
moins une demi-strophe

Les critiques français acclamaient déjà ces films comme un
exemple unique de *cinéma discrépant**

Impossible de savoir quel jour c'était, ni depuis combien de
jours il vivait cette humiliation et cet enfermement

Élucider toutes ces choses peu claires, tout élucider, prendre
un raccourci vers la clarté, ne pas se laisser distraire, marcher directement vers la clarté

À vingt-deux ans, Novalis se fiança avec Sophie von Kühn,
une jeune fille illettrée de treize ans

Edgar Allan Poe se maria également avec une jeune fille de
treize ans, Virginia Clemm

Dante ne vit qu'une seule fois Béatrice

Elle avait douze ans

Laura, la muse de Pétrarque, avait neuf ans quand le poète
croisa son chemin

Jacques Lacan observa que l'amour consistait à donner
quelque chose qu'on ne possédait pas à quelqu'un qui
n'existait pas

Schopenhauer s'éprit de Caroline Medon, une chanteuse de
dix-neuf ans, alors qu'il en avait trente-quatre

Il prolongea cette relation de façon intermittente pendant une décennie, sans jamais l'officialiser

Contracter le mariage, disait-il, équivalait à faire notre possible pour nous transformer en êtres répugnants l'un pour l'autre

À quarante-trois ans, Schopenhauer vivait à Berlin et il concentra son attention sur Flora Weiss, une jeune fille belle et vigoureuse qui venait d'avoir dix-sept ans

Chagall se prit en photo à côté de sa fille de douze ans complètement nue et «délicieusement sexy», souligne Guy Davenport

Devenir amoureux était une folie parce que cela transformait en ironie toute distinction entre certitude et scepticisme

Au début, les amoureux avaient un pouvoir prolifique d'invention, ils se forgeaient des illusions fascinantes au sujet l'un de l'autre et, pour finir, ils se retrouvaient désenchantés devant la vérité

Les amoureux étaient des épistémologues extraordinaires qui recherchaient frénétiquement l'interprétation de toutes sortes de signes et de présages, uniquement dépassés en cela par les paranoïaques, les détectives et les analystes

Le propos ou le résultat du fait de devenir amoureux est la connaissance réciproque, de soi-même en tant qu'autre

Imaginer une rencontre ou une relation sans questions susceptibles d'obtenir une réponse

Certaines personnes ne se seraient jamais connues si elles n'avaient pas entendu parler de la connaissance

Comment savoir si on connaît quelqu'un ? est une question très différente de : Comment est-ce que je sais si je suis amoureux de quelqu'un ?

La volupté n'était pas un plaisir comme tous les autres, parce qu'elle n'était pas un plaisir solitaire, comme boire et manger

Au cours d'une conversation téléphonique enregistrée en secret en 1993, le prince Charles d'Angleterre jurait à sa maîtresse qu'il aurait aimé être son tampon hygiénique

Ta femme va arriver demain ? lui demanda le chef de la diffusion, comme s'il était jaloux de la conversation qu'il avait avec la jeune éditrice

Sa femme mesurait mille *millihélènes*

Je l'espère bien, dit-il, et il passa la main sur la cuisse à moitié nue de la jeune femme

Il fit une pause pour penser à sa femme

Nous avons convenu de nous retrouver à l'hôtel, continua-t-il, nous ne nous sommes pas vus depuis des mois, j'espère qu'elle arrivera vraiment demain, qu'elle pourra arriver demain

Mais où est-elle ? demanda le chef de la diffusion de l'entreprise

Au Chiapas, commença-t-il, elle est anthropologue et elle fait une recherche sur la médecine indigène, ce qu'on appelle maintenant *médecine alternative*

Éros naquit d'une nuit d'ivresse et d'un amour de passage

Sa mère faisait la rue et son père gisait totalement ivre

La jeune éditrice arrêta la main qu'il avait posée sur sa jambe

Seul un Moi vulnérable pouvait aimer son prochain

Vulnérable et non dynamique, entreprenant ou rayonnant

Ce n'était pas lui qui se lançait le premier dans un élan généreux vers la jeune éditrice

C'était elle qui détournait ses intentions et troublait sa quiétude

Roméo était comme la foudre qui cherchait où tomber

Il connut Juliette et la tempête de ses émotions se déchaîna

Vivre, cela pouvait tout aussi bien se traduire par se déployer que par se contenir, chercher l'utilité ou vouloir le pouvoir, économiser ses forces ou, au contraire, leur donner libre cours

C'est à ce moment qu'une camionnette noire s'arrêta subitement devant eux et que deux autres camionnettes apparurent en même temps à droite et à gauche et que le chauffeur freina en faisant hurler les pneus

Restez calmes, dit le chauffeur, et à ce moment plusieurs hommes ou silhouettes masquées ouvrirent simultanément les quatre portières de la voiture et les tirèrent dehors avec violence et efficacité

Dans la confusion, ils le traînèrent, trébuchant, vers une autre camionnette sur laquelle il y avait un logo dont il ne parvenait pas à se souvenir

Il pleuvait et on entendait des cris et des ordres

Ils le jetèrent sur le plancher de ce véhicule et, avant qu'il puisse se redresser, ils le ligotèrent et lui bandèrent les yeux

Il y avait des *chaparros* dans cette rue

Et les autres ?

Les auraient-ils fait monter dans chacun des véhicules ?

Mais il se rappelait avoir vu le chauffeur tomber

Et si tout cela n'avait été qu'une mise en scène ?

Le genre humain n'était qu'une société de méchants

Pour se libérer de ses doutes et de ses angoisses, lui-même n'avait-il pas invoqué ces forces obscures, cette violence, ce désordre pour se maintenir sous une autre autorité et être détruit de manière furtive ?

Et si son destin avait disposé cette violence depuis un jour lointain ?

Il n'expérimenta pendant plusieurs années que des énigmes

Le choix des événements, le fait de les saisir, l'avidité soudaine, le rejet du plus agréable, du plus vénéré, souvent

Il était effrayé d'avoir mis en marche quelque chose d'arbitraire, d'insensé, de volcanique

Un exil, un refroidissement

Il revint à la table du dîner devant l'estrade

Il en revenait avec son enveloppe à la main et ils allaient se rendre à la conférence de presse

En arrivant, un homme très grand, au cou énorme, résultat d'années d'exercice au gymnase, lui proposa de porter un toast

La jeune femme sans nom lui donna un verre à moitié vide

Impossibilité de l'indifférence

Le malheureux romancier choqua son verre contre celui de cet homme et de cette femme

Ils trinquèrent et il allait prendre congé quand l'homme lui demanda d'un air théâtralement innocent : Vous avez reçu le chèque de votre prix ?

Bien sûr, dit-il, et il brandit fièrement l'enveloppe et l'agita devant son visage avant de se tourner et de se diriger en sens opposé, conduit par la jeune éditrice

Il désirait un accord parfait et vivait un éloignement infranchissable

La longue phrase de sa vie exigerait-elle d'être lue à rebours ?

S'il la lisait progressivement, il n'avait aucun doute, il ne trouverait que des mots dénués de sens

Il était enfermé quelque part et ne parvenait pas à se retrouver

Les guerres mondiales et locales, les nationalismes, le stalinisme et même la déstalinisation, les camps de concentration, les chambres à gaz, les arsenaux nucléaires, le terrorisme, le trafic de stupéfiants, la corruption et le chômage et la pauvreté extrême et les milliards d'enfants qui mouraient chaque jour, tout cela était déjà trop pour la génération qui en avait été le témoin

Les messages qu'il lui arrivait d'émettre étaient inintelligibles

Au réveil, il était déçu de ne pas se sentir sauvé, mais encore piégé dans une situation dont il ne parvenait pas à s'extraire

Impossible de garder son calme, de faire bonne figure, de changer de visage, de parler à visage découvert, de conserver un visage impassible

Il ne pouvait même plus manipuler son propre visage

Ses éléments constitutifs étaient répandus dans le temps passé et le futur

Ses pensées l'enfermaient encore davantage et tout ce qui lui appartenait n'était pas seulement dehors, mais loin

La mémoire qui survit aux hommes était sa mère

Le chaos qui tourne sur lui-même était son père

7

L'invasion du silence,
le cannibale et le non-temps

Couci-couça, à moitié soûl, ni endormi ni éveillé

Alors qu'il pensait en phrases avec un point final, il y avait trop de choses qui ne pouvaient pas se dire

Il aurait avec joie participé à l'intrigue qui conduisit le frère Luis de León en prison et aurait parrainé la représentation des *autos sacramentales* de Calderón à la Cour

Dans les *Élégies de Duino*, Rilke imagina un ange aveugle qui contenait tout le temps et l'espace regardant à l'intérieur de lui

L'obscurité s'était établie et les lumières avaient fui

Vivre, disait Ibsen, c'est lutter contre les démons du cœur et du cerveau

Ibsen mourut d'une hémorragie cérébrale

Tout notre être, musila-t-il, n'est qu'un délire de plusieurs

Et la dislocation est la plus profonde association de l'homme avec ses semblables, musila-t-il de nouveau

Dans la querelle qui opposa Lope et Góngora à Cervantès, il aurait pris parti pour les premiers, et il aurait tiré la langue à l'auteur des *Solitudes* pour arracher aux gens du métier tous les ragots et toutes les mesquineries

Une inversion du signifié, le symbolisme soudainement compris

Sa naissance avait été un rêve et un oubli

Sa principale mission sous le gouvernement de Philippe II
aurait été l'administration et le développement de la
Sainte Inquisition en terres des Indes

Errances du sujet et de ses objets, peurs et combats, abjections
et lyrismes

Un enchevêtrement de cheveux, un tissu de mensonges

Voix ancestrales qui prophétisaient la guerre, esprits ances-
traux dans la danse macabre

Il aurait embarqué tous les natifs de ces régions et les aurait
vendus aux Vénitiens pour qu'ils les utilisent dans la
construction de leurs canaux fétides ou de leurs hôpitaux
et palais malsains et prétentieux

Ils bavardaient dans un avion au-dessus de l'Atlantique, en
route pour México

Et moi j'ai peur de mourir, disait-il, plusieurs choses me font
peur, par-dessus tout mourir, devenir riche, l'eau, l'électricité et devenir un saint

J'ai terriblement peur de devenir un saint, disait-il, et je prie
pour ne pas le devenir

Rencontre du social et de l'asocial, du familier et du criminel,
de la corde raide au fil du poignard, de la gueule du loup
à l'éclipse totale, du désespoir au non-sens

Il aurait rassemblé une petite cour de nains et de monstres, mi-
serviteurs, mi-bouffons, à qui il aurait rappelé à toutes les
heures du jour leurs malformations et leurs faiblesses

Ils avaient parlé et plaisanté pendant tout ce voyage et il
n'arrivait même pas à reconstruire trois minutes de leur
conversation

Ce qui parlait toujours en silence, c'était son corps

Pensées entrecoupées, pensées brisées par le silence

Álvaro Mutis lui racontait qu'il aurait aimé vivre pendant une
bonne partie du règne de Philippe II, jouissant de la
confiance et de l'appréciation du monarque

Torsion des pensées, la bataille des différentes pensées

Il aurait exterminé tout esprit d'indépendance et jusqu'à la
moindre notion de liberté grâce à un système d'otages,
enfermés dans les prisons d'Espagne, ou surveillés dans
leurs exils de la Cour

Vécu subjectif du vide

Schopenhauer définissait l'architecture en fonction de deux forces, celle de soutenir et celle d'être soutenu, le support et la charge, même quand ces forces tendent à se confondre

À la table où ils dînèrent le soir de la remise du prix, il y avait un homme qui le fit rire plus que de raison

Byzantinisme réel de plusieurs pensées différentes

Ce n'était pas la schizophrénie mais la normalité qui tenait l'esprit divisé

L'esprit crucifié, le corps crucifié, l'esprit fendu

Dans une mission du prince Guillaume d'Orange, appelé par la suite le Taciturne, et qui commençait déjà à inquiéter les États des Flandres, il aurait aimé passer par la formidable, coprophile, sensuelle et gloutonne région des Pays-Bas

Comme s'il se réveillait

D'une obscurité à une autre obscurité

Comme si, dans l'obscurité et le silence, apparaîtraient le ronron de cet avion et les sourires des passagers qui pouvaient entendre les ergotages d'Álvaro Mutis

Celui-ci affirmait qu'il se serait impliqué dans toutes les intrigues du Palais Royal, qu'il aurait participé à la chute d'Antonio Pérez, aurait été complice et instigateur de la mort de l'infant don Carlos, aurait fait partie de la suite qui s'était rendue à Paris pour accompagner la douce épouse du pâle monarque

Avec ses souvenirs, il tissait une toile pour cacher le vide

Aucune musique, aucune trame, aucune dentelle

Dans le cas des *Trois coffrets*, Freud démontra le caractère identique de la fiancée, de la mer et de la mort

Pouvoir et péché du verbe

Une aspiration au non-sens, au dithyrambe, au galimatias, au blablabla

J'ai aussi pratiqué la boxe, disait-il, et la course de fond

Apollonios de Tyane disait : Ne vous étonnez pas que je sache toutes les langues, parce que je sais ce que les hommes ne disent pas

Il disait aussi que le silence était un *logos*

Mais dans son silence et dans cette obscurité, il entendait
Álvaro Mutis raconter qu'il aurait établi des tribunaux du
Saint-Office dans toutes les villes fondées dans les nouveaux territoires de la couronne espagnole, sous un ré-
gime implacable d'accusations secrètes, de surveillance
continuelle et de tourments cruels

Obscurité limitrophe d'oscillations, d'identités fragiles et con-
fondues

Il s'était peut-être écoulé trop de temps

Une sorte de vertige d'abjection

Le style était l'économie de la langue, disait Mutis

Face à face ou face contre dos, faire balbutier la langue

Pas précisément de l'athlétisme, disait-il, c'était une compé-
tition, nous courions depuis le vieux village de La Pietad,
qui n'existe plus, jusqu'à Xochimilco, et je me suis classé
quatrième, ce n'était pas très bon, mais j'ai couru, couru,
couru, et que c'était bon, j'ai failli mourir... d'épuisement

Ceux qui faisaient de la lutte étaient des bandits

Lyotard appelait *enfance* ce mouvement qui entraîne la langue
et trace une limite toujours différée du langage

Enfance : ce qui ne se parle pas

Une *enfance* qui n'est pas une époque de la vie et qui ne passe
pas

Elle est toujours présente dans le discours

Ce qui ne se laisse pas écrire dans l'écriture exige peut-être un
lecteur qui ne sait toujours pas ou pas encore lire

Comme si toute langue se mettait à donner de la bande, à
gauche et à droite, et à dégringoler en avant et en arrière

Réduire la langue comme dans la musique, où le mode mineur
désigne des combinaisons en déséquilibre perpétuel

Faire fuir la langue, faire en sorte qu'elle défile sur une ligne,
qu'elle se déséquilibre continuellement, qu'elle bifurque
et varie dans chacun de ses termes, en suivant une incessante modulation

Se frayer un chemin dans les ombres de la compréhension

Cet enfermement était une sépulture, cette chaise et ces liens
et ce bandeau étaient son tombeau

Il n'était pas encore né

Il était mort

Ou bien c'était comme s'il l'était

Il n'avait même plus la force de parler à voix haute

Mais il croyait parfois entendre grincer la machine de ses
pensées

Von Sacher-Masoch organisait des jeux nocturnes clandestins
dans un parc

Ses pensées traçaient des sillons dans le terrain de l'être

Les jeunes dames, vêtues de manteaux de fourrure (*La Vénus
à la fourrure*) devaient le pourchasser et se jeter sur lui,
en le griffant et en le mordant comme des animaux

Trois jours passèrent avant qu'on ne trouve le corps de
Virginia Woolf, qui entra dans l'eau après avoir rempli de
pierres les poches de son manteau

Grâce à la sagacité, à l'audace, à la constance, il devait résister
à cet enfermement, il s'efforcerait de résister, il triom-
pherait

À force de rictus, de lapsus, de grincements, d'enchaînements
imprévisibles, de précipitations brutales, de coups de
frein, de sons inarticulés

Le célèbre tableau *Nu descendant un escalier*, de Duchamp,
fut refusé en 1912 par le Salon des Indépendants

Il pensait aux autres sans qu'ils le voient

Ne cherchez pas le sens là où il y en eut un jour un, pensait-il,
non, ne cherchez pas le sens

Il crut bientôt entendre des musiques vertigineuses

Zénon d'Élée, disciple de Parménide, discréditait l'idée du
changement et de la multiplicité telle que défendue par
Héraclite et les pluralistes, montrant que la croyance dans
le mouvement et dans les qualités distinctes menait
toujours à des conclusions contradictoires

Il s'ensuivait que le mouvement et la pluralité ne seraient que
virtuels

On devrait également en déduire que la réalité serait alors
intemporelle

Zénon manipula les concepts et les images mentales de
certains contraires, comme le mouvement par rapport au

repos, le fini par rapport à l'infini, la continuité par rapport à l'atomicité

Ses paradoxes, sa pensée et ses objectifs sont très clairs, surtout parce qu'Aristote et Platon et d'autres commentateurs postérieurs les traitèrent de façon très détaillée

Le vol de la flèche, par exemple

À chaque instant du même, affirmait Zénon, la flèche occupait une zone d'espace égale à elle-même, mais non supérieure, et il s'ensuivait que l'idée de mouvement équivaudrait, simplement, à la description des rapports statiques et non à un véritable phénomène en soi

On pourrait en déduire que le mouvement et, avec lui, le temps devraient être virtuels

Peu importait qu'une flèche en mouvement soit plus longue qu'une autre stationnaire, ou peut-être plus courte, ainsi que le maintient la théorie de la relativité spatiale

Le mouvement présuppose le repos, comme aussi peut-être le temps face à l'intemporalité, mais non réciproquement

Il était installé dans le malheur et il l'oubliait avec des problèmes universitaires

En faisant le tour de la célèbre métaphore de Platon sur le temps en tant qu'image mobile de l'éternité, nous pourrions dire que la flèche stationnaire serait une image figée du changement, et que l'intemporalité serait une image stationnaire de la venue à l'être

Ou se pouvait-il que le paradoxe du vol de la flèche ne soit qu'une subtile erreur de catégories ?

Sa propre respiration semblait le nourrir et quelque chose prenait forme

Les mots lui apparaissaient entre les rêves

Il aurait aimé arriver à ne rien savoir

Il se savait misérable et il pensait de manière épique

Il dramatisait

Ses combats particuliers étaient nombreux

Je suis le serviteur de l'abstrait, disait T. E. Lawrence

Sans ses compatriotes, Jack Kerouac était perdu à México et, pour augmenter encore sa dépression, il s'était installé dans un appartement humide et sale au sous-sol du vieux duplex de ses amis Bill et Joan dans l'impasse de Medellín

Quand Guillermo, le vendeur indien d'un magasin d'alcool, lui dit : Je t'aime, il répondit : Ah ! alors offre-moi un verre ! et il partit avec lui

Pendant quelques semaines, ils entretinrent tous deux une relation étrange et passionnée

Guillermo amena Jack au cinéma voir les acteurs qu'il trouvait beaux, même si Jack déplorait qu'ils fussent de gros tonneaux

Il lui refilait des calmants, lui donnait des cours sur sainte Thérèse de l'Enfant-Jésus et saint Jean de la Croix, lui lisait *The Subterraneans* en anglais et en espagnol, et le suivait pitoyablement jusqu'à la porte d'un bordel

Il retrouva la raison quand une bande de durs, des amis de Guillermo, lui volèrent à son nez son couteau, sa lampe de poche et sa crème à raser

Ils lui demandèrent aussi son imperméable, mais il leur dit que sa mère le tuerait s'il le perdait

Ils éclatèrent de rire en lui disant : Comme ça, tu as peur de quelque chose ?

Plus tard, pendant qu'il était au cinéma, ils firent irruption dans l'appartement et emportèrent, en plus de l'imperméable, la valise avec des objets aussi précieux que son équipement de base-ball et son rosaire bouddhiste

Des armes biologiques avaient été testées en Malaisie, en Angleterre, en Suisse, à Chypre, en Alaska, en Irlande, en Allemagne, au Groenland, en Australie, à Taiwan et dans trois ou quatre autres pays dont il ne parvenait pas à se souvenir

Des scientifiques, incapables de détruire ce qu'ils avaient conçu, créèrent un lac empoisonné deux milles au-dessous de la ville de Denver

Les décès attribuables à la leucémie sont plus fréquents à Hiroshima qu'à Nagasaki

Les États-Unis expérimentèrent l'uranium dans la première ville et le plutonium dans l'autre

Un auteur romain racontait à un beau jeune homme qu'il avait
forniqué avec deux femmes au cours de la même nuit
L'une voulait l'épouser, l'autre criait qu'on le pende
Laquelle était la première, laquelle était la deuxième ?
Sa mémoire ne pouvait être un argument
Faiblesse, sensation de stupéfaction, un léger désespoir, une
certaine angoisse, beaucoup de solitude, trop de silence
Si l'on approuvait une loi interdisant la monogamie pendant trois
semaines consécutives, la pression serait insupportable
L'apogée de la monogamie serait la séparation
L'apogée de l'infidélité serait la monogamie
C'était toujours la fin qui mettait des bâtons dans les roues
Les apogées étaient la pire interruption
Mais sans les interruptions, nous ne saurions pas ce qui se
passe
L'habitude nous fermait les yeux
Dans la vie érotique, il ne fallait pas confondre les objets avec
les fins
Le silence réussit bientôt à l'occuper complètement
Cette pièce lui appartenait, elle marquait le cœur du silence
Le langage était un jour né du silence
Un acte préhistorique dont personne ne savait rien
Mais maintenant, le silence avait de nouveau pris possession
de tout et l'avait démonisé et dévasté
L'élémentaire du silence se transformait en tout-puissant,
comme s'il se préparait une invasion sur ses souvenirs,
sur ses mots
Le silence semblait se concentrer pour passer à l'attaque
Les murs qu'il pressentait devaient l'entourer, ils étaient
comme des pierres tombales
Il aurait voulu parler, mais il n'avait déjà plus de forces
Il ne pouvait même plus dire *je*
Il aurait suffi de dire n'importe quoi pour que l'énorme
colosse du silence se tînt là comme un animal soumis
devant son maître
Son enfermement manquait de finalité
Il ne lui était déjà plus possible de comprendre sa vie en tant
que totalité

Il tentait d'être lisible pour tous et il était devenu indéchif-
frable

Le silence se prolongeait comme les déserts interminables du
nord du Mexique

Les romans mettaient tout au même niveau

C'était là leur fonction, leur grandeur, leur froideur, leur chaleur, leur force

Ils se devaient de tout garder bien uni, jusqu'aux contrastes et
aux antagonismes les plus évidents

Ellipses partout

Ce qui manquerait de sens acquerrait un sens

Aucun des trois premiers romans de Thomas Hardy ne se
vendit à plus de vingt exemplaires

Il fallut attendre quatre ans pour que le premier tirage de *Pedro
Páramo* de Juan Rulfo, de deux mille exemplaires, soit
épuisé

Les choses sont toujours plus compliquées que nous ne le croyons

Woody Allen disait que les artistes devaient toujours décevoir
leur public, car, dans le cas contraire, ce qu'ils produi-
raient ne serait pas intéressant du point de vue artistique

Van Gogh se tira une balle dans la poitrine, puis il marcha
jusque chez lui et agonisa pendant trois jours

Les romans étaient toujours l'inventaire des cendres

Résumé de la catastrophe

Un jour, je suis allé au ranch de Tepetitlán, dans l'État de
México, à quarante kilomètres au nord du District fédéral

Il ne pouvait déterminer s'il avait entendu cette voix quelques
jours plus tôt ou s'il l'entendait maintenant

Reconnaissait-il la voix ?

On buvait de la tequila au Molino de Flores, à la fin, on était
soûls, mais on chantait

C'était comme si son cerveau assimilait les voix sur une bo-
bine qui commençait à se dérouler

Quand on a traversé la gare de Texcoco, le train qui sortait de
la cour de triage est entré en collision avec un camion
rempli de paysans, il l'a démoli, un des paysans a eu la
jambe arrachée et, nous, on regardait tout ça, le sang sur
la voie, les dépouilles

Il entendait des bruits de pas, des murmures, des bruits de
verre, la porte du réfrigérateur qui s'ouvrait et se refer-
mait, les glaçons qu'on décollait puis qui tombaient au
fond des verres, mais il entendait maintenant cela plus
près, comme si la réunion se tenait presque à côté de lui,
une ou deux pièces plus loin

On a donné un coup de main pour tout ramasser et j'ai vu une
rognure, un morceau de viande jeté là, je l'ai pris et
enveloppé dans un journal

Qu'est-ce que tu veux en faire ? J'ai répondu : Je l'emporte, je
l'ai mis dans la poche de ma veste et on est repartis en
chantant à travers les champs jusqu'à Tepetitlán

Il entendait des bruits de déglutition, comme s'ils avaient
soudain beaucoup monté le volume de la télévision

En arrivant là-bas, j'ai eu faim et j'ai dit à Chero, un de mes
adjoints : Prends cette poêle

Tu as faim ? Oui, et j'ai sorti le morceau de viande et je l'ai
fait frire : Je t'en prie, qu'est-ce que tu vas faire ? Ne me
dites rien, ai-je répondu, et je l'ai assaisonné, j'ai ajouté
des oignons, des piments forts, un peu d'ail et de to-
mate, j'ai attrapé une tortilla et j'ai commencé à le manger

Ils me regardaient tous avec incrédulité, mais je buvais des
gorgées de café froid et j'ai avalé le morceau de viande
frite

Deux mois ont passé, oui, et un matin que j'attendais le train
pour México, à la gare de Robles, il y avait beaucoup de
monde et un de mes amis m'a dit : Regarde, tu vois ce
type là-bas, à côté du cerisier ? C'est le type qui a été
estropié par le train, je le connais, il vient de tel village

Je suis allé le saluer, je lui ai demandé où il allait, d'où il
venait, je lui ai demandé si le train de Texcoco lui avait
coupé la jambe et il m'a répondu que oui

Alors, vous êtes délicieux, ai-je dit, et le type a écarquillé les
yeux, sans comprendre, bien sûr, et il n'a jamais su pourquoi je lui avais dit ça

Il entendit trois portes se fermer, et il cessa d'entendre aussi
clairement ce qu'ils disaient en dessous ou à côté

Au même deuxième round, je ne voyais plus rien, tout était flou, et El Marro était une tache d'où sortaient crachats et insultes

Georges Steiner disait que toute langue tend à l'idiolecte, c'est-à-dire à l'obscurité, à l'intransitif, à s'enfermer à l'intérieur du parlant comme si elle était un organe propre

Il avait perdu sa totalité, sa confiance originelle, son recueillement, son innocence

Sa propre intégrité

On l'avait tiré hors de son monde et jeté dans l'étrange, l'irréel

La perte de la réalité était liée à la peur de devenir soi-même irréel, avec la menace du vide, avec l'horreur de s'éteindre et avec la paralysie de l'âme

Il fallait arrêter la réalité qui s'esquivait dans le chaudron bouillonnant de ses sentiments et arracher des sens à un réseau de pensées irrémédiablement enchevêtrées

Ses mots apparaissaient pour soigner son intérieur qui gémissait

Il entendit une porte s'ouvrir et les voix devinrent plus fortes, des pas dans l'escalier, ceux de deux ou trois personnes, une autre porte, les pas de plus en plus proches, deux personnes

L'une d'elles disait : Mes états d'âme sont comme une montagne russe — c'était une femme —, je me suis sérieusement demandé si je suis cyclothymique, maniaco-dépressive ou quelque chose du genre

Une autre porte, et : Le pire, ce n'est pas d'être mentalement déséquilibrée, mais qu'on ne te donne pas de pilules pour que ça se passe mieux, je n'ai même pas pu avoir une boîte complète d'anxiolytiques

Une autre porte trop près et la chaleur de deux corps à proximité

On t'apporte des nachos, dit l'une d'elles

Des morceaux de tortilla grillée et de fromage fondu, et quelques bouts de chili vert

Il voulait parler, il voulait dire merci, mais il se sentait trop faible

Sa lassitude était liée à son impatience, à son trouble, à sa destruction

L'autre dit que ses vêtements sentaient trop mauvais et se mit à lui enlever ce qui restait de son pantalon en loques, et le caleçon, le laissant nu à partir de la taille

Il éprouva, plus encore que du chagrin, un sentiment d'extrême vulnérabilité

Il pensa que la mort le dominait, mais qu'elle le dominait avec son impossibilité

Sa souffrance était interminable et son désespoir, sa détresse semblaient discuter à l'intérieur de lui

Elles lui donnèrent à boire de la bière froide qu'il savoura comme une récompense

Après avoir fini de le faire manger, elles s'en allèrent et continuèrent leur conversation en fermant la première porte

Qu'est-ce que je fais ? Et si tu décidais pour moi ? Comme ça, si je rate mon coup, je pourrai dire que c'est ta faute et je me sentirai déchargée de toute responsabilité

Elles parlaient comme des femmes qui avaient étudié dans des écoles de classe moyenne, des femmes pieuses, coupables, effrayées, espiègles

Elles étaient parfumées

Définir le plaisir comme un droit, ou mieux encore comme un devoir, comme une règle de vie qu'on ne peut violer

Elles avaient inspecté les liens qui le maintenaient attaché aux pieds de la chaise et le bandeau qui lui faisait mal aux yeux, mais il ne put leur demander de le desserrer, il ne parvint pas à rassembler suffisamment de forces pour émettre une seule parole

Comme si tous les mots étaient de trop

Il avait l'impression de fondre, de se désintégrer, de se disperser

Kazimierz Brandys disait qu'un Don Juan authentique parlait avec différentes voix qu'il ne dominait pas lui-même, que c'étaient elles qui parlaient à travers lui

Emerson, qui, dit-on, parcourut le Louvre sans s'arrêter devant un seul tableau, fut mortifié d'apprendre que Walt Whitman ne le considérait pas comme un de ses vrais amis

Aucun Ulysse moderne ne trouverait le chemin pour retourner à Comala

Il faisait chanter sa vie pour en tirer une expérience linguistique

Diviser les hiérarchies du discours et redécouvrir la vitalité étouffée par la convention et neutralisée par les mécanismes de production culturelle

Il s'agissait de bonheur perdu

Après l'exil, l'abandon, l'obscurité, l'agonie

Les villes étaient comme des femmes

Séduction, envoûtement, attaque

Il aurait aimé être accueilli

En été, chaque fois que la nuit était claire, le Caligula de Camus regardait le ciel et criait : Je veux la Lune !

À seize ans, Goethe regardait le ciel et pensait que les étoiles ne lui pardonneraient jamais

À bord du yacht *Electra*, dans la Méditerranée, Marconi croyait intercepter des messages de la planète Mars

L'innocent n'était pas seulement le non-agir, comme le non-encore-être d'un petit enfant, mais comme le non-être d'une pierre, hégélisa-t-il

Tout semblait s'écrouler et il n'y avait aucun lieu où se cacher

Isolé là de force, contre sa volonté

La rédemption requérait un Dieu, mais un Dieu à l'intérieur du temps n'était pas meilleur que lui, et un Dieu en dehors du temps ne lui était d'aucune utilité

La solitude se peuplait et l'air brûlait

La réalité et l'illusion avaient échangé leur rôle

La brève éternité de la conscience, pazisa-t-il

L'amour qui s'ignorait

La mort qui s'oubliait, pazisa-t-il de nouveau

C'était comme si l'air bourdonnait de mots

Tomber malade, devenir dément, provoquer les symptômes de la ruine

Avoir vécu pour ne pas vivre, mais pour avoir déjà vécu, pour être déjà mort

Son roman était ce jeu de possibilités, un monde d'élucubrations, comme aurait dit Eliot, dans lequel les échos occupaient les pièces

Son enfermement se transformait en un champ de bataille

Un champ de Mars, un *Campus Martius*

Et si on le gardait là pour accomplir quelque absurde rite initiatique ?

Si dans sa nuit éternelle allait bientôt surgir une lumière

Si un jour nocturne et une nuit diurne pouvaient tous nous embrasser

Il avait de la fièvre et son esprit échauffé l'incitait à exalter l'importance d'être vaincu, du non-agir comme son unique victoire, et de l'Échec comme sa liberté souveraine

Il voulait tremper en lui-même les armes de sa propre ruine

Son corps était un animal

Il lui disait : Tu me fais honte, tu devrais avoir honte

La faiblesse physique l'intimidait et l'obligeait à cacher son Moi animal jusqu'à ce que la honte soit passée

Spinoza disait : Personne ne sait de quoi un corps est capable

Mais ce que son corps faisait, il le faisait seul

Son corps était plein de soubresauts, évoquant les réflexes qui continuent de secouer une grenouille morte

Bientôt, une formidable érection

Serait-il seul ?

Et Anne de Savoie, l'épouse écervelée et désordonnée du prince, l'aurait fait s'attarder plus que de raison, avait dit Álvaro Mutis

Il était un témoin passionné par ses attentes

Le problème fondamental était : comment obtenir le mouvement à partir du non-mouvement, et le temps à partir d'un non-temps ?

8

L'Erreur de la Position Simple
et trois autres femmes sans nom

Son état de malheur signifiait l'épuisement de ses forces
L'expression de son malheur signifiait par contre l'augmen-
tation de ses forces
Du côté de la douleur, tout était impossibilité, impossibilité de
vivre, de supporter, d'être
Du côté de la pensée, tout était possible, possibilité des mots
justes, des enchaînements habiles, des images heureuses
Parfois
Il saisissait bientôt une idée, la suivait, la poursuivait, la
perdait de nouveau, en adoptait une autre, la perdait
aussi, il ne pouvait amener aucune de ces idées à son
terme, aucune ne se développait complètement, ne se
réalisait
Autour de lui, il n'y avait que des demi-satisfactions
Désolation, tourment, souffrance, expression de la mort
Toujours sous pression
Ligoté
En exprimant sa douleur, il affirmait ce qui était négation
Et en l'affirmant, il ne la transformait pas, il l'accentuait
Et plus il parvenait à rendre son malheur sensible par le biais
de développements, de précisions, de détours, d'images,
plus se renforçait la fatalité qui signifiait ce malheur

Son langage était réel parce qu'il pouvait se projeter vers un
   non-langage
Ses mots n'exprimaient pas la douleur, mais la faisaient exister
   d'une autre façon
Ils lui donnaient une matérialité qui n'était déjà plus celle
   de son corps, mais la matérialité des mots grâce auxquels il se référait au monde que la souffrance préten-
   dait être
Mais il devrait apprendre à supporter ce qu'il ne pouvait éviter
Pour Épicure, la tâche de la philosophie consistait à nous aider
   à interpréter nos sensations confuses de chagrin et de
   désir pour nous libérer ainsi des propositions erronées au
   nom du bonheur
Le silence et la solitude l'entouraient
Il pleuvait dehors, un orage, les coups de tonnerre faisaient
   trembler tout l'immeuble
Il se sentait stupide, comme s'il avait la volonté d'éliminer le
   mauvais temps
Il pensait à la vie des hommes et des peuples et il se demandait
   si un arbre qui devait s'élever et croître dans toutes les
   directions pouvait y arriver sans le concours du mauvais
   temps et des tempêtes
Il ne recherchait pas le plaisir, mais la libération de la douleur,
   de cette paralysie forcée, de l'obscurité, de cette cécité,
   de cette prison
Il se méprisait lui-même, il souffrait le martyre d'avoir perdu
   confiance en lui-même, le dénuement du vaincu
Les Grecs de l'Antiquité croyaient en plusieurs dieux, dieux
   de l'amour, de la maison et de la guerre
Ils s'en remettaient à eux avant d'entreprendre une aventure
   quelconque, priaient dans un temple ou devant quelque
   autel domestique, et ils sacrifiaient des animaux en leur
   honneur
Athéna coûtait une vache, Artémis et Aphrodite, une chèvre,
   Asclépios, une poule ou un coq
Et lui, quel dieu pouvait-il prier ?
Et ce qui était terrible, c'était qu'il devait se sacrifier lui-même

Le 7 septembre 1951, dans la ville de México, Bill Burroughs
et sa femme Joan organisèrent une fête pour Jack Kerouac
et ses amis

Joan, qui était ivre, se mit un verre sur la tête et défia Bill de
lui tirer une balle

Bill visa très soigneusement avec son pistolet de calibre 38,
tira, et la balle lui traversa le front

Les journaux qualifièrent l'incident d'*assassinat à la Guillaume
Tell*

Bill découvrit par la suite que la mire du pistolet avait un défaut

Mais on l'arrêta pour homicide et le groupe téméraire dont il
faisait partie découvrit une fois de plus le prix qu'il fallait
payer pour tester les limites

Il y a un laboratoire de produits chimiques à Pine Bluff, en
Arkansas, où des techniciens du gouvernement mettent
au point des toxines capables d'infecter des millions de
personnes

Un pamphlet intitulé *Military Biology and Biological Agents*
donne la liste des maladies pouvant se répandre aussi
rapidement qu'efficacement

On y parle notamment du choléra, de la diphtérie, de staphy-
locoques pouvant empoisonner les aliments, du tétanos,
de la gangrène, de la fièvre typhoïde, de gaz neuroplé-
giques, de la peste bubonique, de la salmonelle et de maladies vénériennes

Schubert n'a jamais pu s'acheter un piano

L'amitié entre René Char et Martin Heidegger

Novalis mourut de la tuberculose à vingt-huit ans

Platon avait vingt-neuf ans à la mort de Socrate

Riche et aristocrate, il fixa son regard sur la sécurité de l'être
et détesta l'insécurité qui affectait les philosophes de la
venue à l'être

Trois Athéniens, le poète Mélitos, le politicien Anytos et l'ora-
teur Lycon, avaient décidé que Socrate était un homme
étrange et malveillant

Ils déclarèrent qu'il ne vénérait pas les dieux de la cité, qu'il
avait corrompu le tissu social d'Athènes et qu'il avait
dressé les jeunes contre leurs parents

Ils croyaient juste de l'obliger à garder le silence et peut-être même de le tuer

Le jour du jugement de Socrate, le jury était formé de cinq cents citoyens

La cité d'Athènes avait établi des procédures pour distinguer le correct de l'incorrect

Le tribunal des héliastes, un grand édifice avec des gradins de bois pour le jury à une extrémité, et une tribune pour l'accusation et pour l'accusé à l'autre extrémité, se dressait du côté sud de l'agora

Le procès commença par un énoncé du chef d'accusation, suivi par un plaidoyer de la défense

Pour la Cité, l'opinion de la majorité équivalait à la vérité

Deux cent vingt personnes décidèrent que Socrate n'était pas coupable, et deux cent quatre-vingts décidèrent qu'il l'était

Socrate réagit avec ironie

En effet, il ne croyait pas que si peu de gens allaient le déclarer coupable, bien au contraire

Il ne perdit pas son aplomb, ne montra aucun signe d'inquiétude ou d'hésitation

Il conserva sa foi en un projet philosophique que, de façon concluante, une majorité constituée de cinquante-six pour cent des auditeurs avait déclaré *inacceptable*

La désapprobation pouvait le tuer, mais cela ne lui faisait pas admettre qu'il s'était trompé

Son exécution aurait été immédiate si la sentence n'avait pas coïncidé avec la mission athénienne annuelle à Délos, durant laquelle la tradition décrétait que la Cité ne pouvait mettre personne à mort

Quand arriva le jour indiqué, Socrate resta calme

On lui amena sa femme et ses trois enfants, mais les cris de sa femme étaient si hystériques qu'on dut la faire sortir de la prison

Le bourreau se présenta ensuite avec une coupe de ciguë broyée et Socrate demanda ce qu'il devait faire

Rien de plus que la boire et marcher, dit le bourreau, jusqu'à ce que tu remarques une lourdeur dans les jambes, alors allonge-toi pour qu'elle fasse effet

Plusieurs de ses amis étaient présents et Socrate leur demanda de se calmer

Il but la ciguë et marcha dans la cellule pour que le poison se répande dans son organisme

Quand ses jambes commencèrent à devenir lourdes, il s'allongea sur le ventre, et ses pieds et ses jambes devinrent insensibles

En montant, le poison atteignit la poitrine et il perdit graduellement conscience

Sa respiration se fit lente

Son ami Criton lui ferma les yeux lorsqu'il s'immobilisa

Plusieurs livres affirment que, en plus du bourreau et de la famille de Socrate, les personnes présentes étaient Critobule, fils de Criton, Phédon, Apollodore, Hermogène, Épigène, Eschine, Antisthène, Ctèsippe, Ménexène, Simmias, Cébès, Phaidondès, Euclide et Terpsion

En 1650, le Français Charles-Alphonse Dufresnoy peignit une *Mort de Socrate* qui est aujourd'hui exposée à la galerie Palatine de Florence

Où il n'y a de toute évidence pas de cafétéria

Platon croyait que le temps était contemporain du monde

Il avait été créé en même temps que lui et, si le monde disparaissait un jour, le temps s'évanouirait avec lui

La nature du créateur était éternelle, mais il était impossible d'accorder cet attribut au créé

Ainsi, Dieu décida de créer une image mobile de l'éternité et, une fois le ciel mis en ordre, il fit cette image éternelle mais en mouvement numérique, tandis que l'éternité restait dans l'unité

Nous appellerons cette image *temps*

Le soleil, la lune et les planètes furent créés afin de distinguer et de préserver les nombres du temps

Platon identifiait le fondement ultime et réel de l'existence avec les formes incorruptibles de la géométrie, et celles-ci rappelaient l'influence de la philosophie pythagoricienne du monde

Dans le *Ménon*, pour sa satisfaction personnelle, il donna la parole à un esclave pour qu'il rappelle ce qu'il savait réellement de l'arithmétique et de la géométrie

Platon expliquait l'exactitude des réponses données par l'esclave par le fait qu'elles provenaient d'un dépôt collectif de connaissances éternelles et absolues, présupposant de plus que l'âme était immortelle, qu'elle était l'Un, qu'elle ne participait pas aux changements, qu'elle n'avait pas été engendrée et qu'elle était indestructible

Ce que nous appelons *capacité mentale*, assistée par la sélection naturelle, était pour Platon une preuve de l'immuabilité et, par le fait même, de l'intemporalité de la connaissance

Il croyait par conséquent avoir trouvé l'essence ultime du monde dans un ensemble de lois immuables ou de formes sous-jacentes à toutes les choses

L'inattendu, que nous promettait Héraclite si nous étions disposés à trouver la vérité, demeurait relégué dans les aspects inférieurs du monde

La certitude et l'intemporalité furent considérées comme supérieures et l'éloge de l'immuable devint la base de la pensée platonicienne

Il s'étonnait de pouvoir développer sa pensée avec plus d'énergie que les jours précédents, bien que son extrême faiblesse n'eût pas disparu

Il croyait que la véritable horreur était l'être

Il sentait se dérober ses défenses, sa capacité de lutter, ses apprentissages, son astuce

Ils avaient amélioré son menu et ils lui apportaient des tacos de *carnitas*, de *chicharrón*, des morceaux de poulet rôti, du guacamole, du flan, de l'eau aromatisée au sirop d'orgeat

Avec son tricot de corps et sa chemise, il arrivait à couvrir son sexe nu

Il portait encore une partie de sa veste

On accusa Camilo José Cela de s'être endormi pendant une conférence et, en entendant l'accusation, il précisa qu'il n'était pas endormi mais dormant

C'est la même chose, protestèrent ses accusateurs

Ce n'est pas la même chose, dit Cela, d'être *chiant* que de se *faire chier*

Il sentit une véritable conflagration dans son estomac

Au delà d'une quelconque fracture, d'une quelconque explosion, la patience de la pure impatience, le peu à peu du subitement

Toutes les vies étaient difficiles

Confus, comme dans un état intermédiaire, déconcerté, ni nu ni habillé, dans un non-état, isolé, marqué, singulier, intouchable, insociable, sans aucun crédit au milieu d'une nuit aussi singulière qu'incommensurable

Chaque nouvelle douleur était un signe que quelque chose allait mal, et cette douleur pouvait engendrer un bien ou un mal selon la sagacité et la force de celui qui la subissait

Son anxiété pouvait précipiter un état de panique ou une analyse minutieuse de ce qui allait mal

Une sensation d'injustice pouvait conduire au désastre ou susciter une œuvre innovatrice de théorie économique

Il avait été ravi de manger les amuse-gueule qu'on lui avait apportés à une autre époque, et ce ravissement avait une intensité qu'il croyait avoir déjà oubliée

Qui arrivait quand il n'arrivait rien, quand le cours du monde était tel qu'un geste en sa faveur passerait inaperçu

Le temps qui s'écoulait, la vie sommaire et monotone, ses liens, cette obscurité, son immobilité, son sentiment absolu d'échec, sa confusion

À tue-tête, Cristina parlait avec les mères et les pères de femmes qui dansaient sur des tables

Il se rappela que, le jour de son enlèvement, il avait vu une femme, ou peut-être deux

Des femmes jeunes, qui paraissaient entraînées aux arts martiaux

Et si elles étaient plus nombreuses, cela aurait pu expliquer les émissions qu'elles choisissaient

Elles n'étaient peut-être pas seulement plus nombreuses, il y avait peut-être une bande, une clique composée exclusivement de femmes

À qui des boxeurs ou des lutteurs rendaient visite à l'occasion

Dans la douleur, ce qui était Autre faisait irruption dans l'enceinte narcissique, dans le domaine sacro-saint du

Moi-même, c'est le recul vers nous de ce qui s'échappe, de ce qui n'est pas

Violente interruption dans son territoire de chair et d'images, de matière et de mémoire

Le paradoxe de la douleur était qu'elle le brisait et faisait en sorte qu'il se rétablisse

Elle le fragmentait et le réparait de nouveau

La douleur était une œuvre de mort qui travaillait indirectement en faveur de la vie

Sa peau lui faisait mal sous l'apparence d'une certaine force

Proust appelait les hommes des *géants immergés dans le temps*

La douleur était là et pour se manifester elle ne trouva que ses chevilles et ses poignets, les yeux et les tempes

C'est l'imprévu qui nous blesse le plus et, vu que nous devons attendre quelque chose, Sénèque propose que nous gardions toujours à l'esprit la possibilité du désastre

La loi de Murphy

Si une chose pouvait aller mal, c'est qu'elle pouvait aller encore plus mal

Dans *Docteur Faustus* de Thomas Mann, on amena à son insu Adrian Leverkhun, âgé de vingt ans, dans un bordel et, rempli de honte, il se dirigea vers le piano et joua une œuvre de Weber, la même que joua Nietzsche dans une situation analogue

Adrian connut là l'unique expérience sexuelle de sa vie avec une prostituée appelée Esmeralda

Elle l'informa qu'elle souffrait d'une infection, mais ils eurent quand même des rapports sexuels, et il attrapa la syphilis

Cette histoire est parallèle à la vie de Nietzsche, qui attrapa également la syphilis à dix-neuf ans dans un bordel

Le malheureux se demandait s'il pourrait un jour revoir le soleil

S'il aurait mal en voyant la lumière

Si quelqu'un s'inquiétait pour lui

Mais la douleur pouvait aussi n'être rien de plus que le signe d'un phénomène plus secret, plus essentiel, un phénomène que la douleur cachait avec ses cris et ses vertiges

Il ne pouvait déjà plus crier

Envahi par des signes confus de lutte et de désespoir

L'émission de Cristina venait de finir et par-dessus le silence
il entendit un peu plus tard les pas de deux personnes

Les portes habituelles qui s'ouvraient et se refermaient

Une femme lui demanda s'il voulait aller à la salle de bains

C'était la première fois qu'on lui adressait la parole

Heidegger demandait de ne jamais rien *croire*, parce que tout
avait besoin d'être prouvé

On défit les liens de ses jambes et on l'aida à se mettre debout

Il pouvait à peine garder son équilibre

Il devait apprendre à supporter ce qu'il ne pouvait éviter

Requête du sens éclaté, foudroyé, et néanmoins présent là,
chancelant, toujours entre les deux femmes, soutenu,
dans l'impossibilité d'avancer tout seul

Hé, arrête de t'en faire, je ne drague pas ce joli cœur, dit l'une
d'elles

On a bien convenu qu'il était ton gigolo, non ?

Quand elles l'installèrent sur la cuvette, il étendit les bras, atta-
chés par-devant, pour indiquer qu'il souhaitait être détaché

Non, non, non, dit l'une d'elles d'un ton enjoué

Des voix nombreuses surgirent à l'intérieur de lui et elles lui
appartenaient toutes

Il les entendit sortir et fermer la porte

Whitman disait des *Feuilles d'herbe* qu'elles n'étaient qu'une
expérience sur la langue

Au prix d'un grand effort, car il avait les membres engourdis,
il essaya de lever ses mains liées jusqu'au bandeau pour
le relâcher un peu, mais il n'y arriva pas

Il essaya alors de se concentrer sur son effort digestif

Il avait connu des nuits de diarrhée, des nuits de constipation,
des nuits de gaz intestinaux

L'objectivité s'atteignait grâce à une coalition des subjectivités

Son identité insoutenable ne pourrait se raconter

Le récit de ses malheurs et de ses tribulations devrait céder
devant une histoire-cri qui coïnciderait avec son état
désespéré d'abjection et d'horreur

Pour lui, tout ressemblait à cette nuit

Il avait bien mangé, il avait réussi à déféquer, à ce qu'on s'occupe de lui

Il ne lui restait qu'une incertitude incommensurable

À la fin, il se leva et parvint tant bien que mal à tirer la chasse d'eau

La porte s'ouvrit

Je vais te nettoyer, dit l'une des femmes sur un ton qui n'était pas humiliant mais complice et solidaire

Une relation évoquant celle d'une victime avec un animal de proie

Ligoté et aveugle, il était la proie par excellence, car il ne savait même plus ce qui était le plus précieux en lui, si c'était la liberté de ses membres ou la disponibilité de son corps

Aucun axe ne le soutenait plus

Comment pourrait-il se défendre ?

Uniquement par la désoxydation, par la réduction

D'un côté, le vil et, de l'autre, le discours qu'il soutenait et qui le soutenait

Même s'il ne parvenait pas à l'émettre

Elles l'amenèrent jusqu'à sa chaise et elles s'entendirent sûrement entre elles sur quelque chose, parce qu'elles lui firent prendre une autre direction et le firent tomber sur un lit qui lui parut pour commencer extraordinairement mou et même presque irréel

Il étira les jambes, pointa les pieds et sentit les muscles de ses mollets s'étirer

Il se cambra comme un félin, se contorsionna

C'était comme s'il existait dans un état de construction et de reconstruction permanentes

Il était comme un mélange de corps

Comme s'il n'avait ni superficie, ni intérieur, ni extérieur, ni contenant, ni contenu, ni limites

Tout tournait ou s'enfonçait ou se mêlait

Il avait peur qu'elles lui fassent mal

L'une d'elles sortit de la pièce et revint un peu plus tard avec une autre femme

Il se sentit effrayé devant des menaces qu'il ne pouvait préciser

Il pourrait peut-être négocier quelque chose, mais il ne parvenait à articuler aucun mot

Elles l'informèrent qu'elles allaient le nettoyer un peu et lui passèrent des serviettes humectées d'eau chaude sur les jambes, sur les blessures de ses chevilles, sur les pieds, sur les parties génitales

Il voulait ouvrir le passage au questionnement réflexif, à l'ironie, à l'essai de cette nouvelle réalité sous forme de jeu

Il sentit bientôt son centre se dresser malgré lui, et il entendit les petits rires des femmes

Sa majesté dressée

Elles lui passèrent des serviettes dans le cou, sur le visage, les mains, les coudes

Elles ne l'effleuraient pas, mais elles semblaient modeler son corps, leurs gestes ressemblaient à des caresses, comme si elles le faisaient renaître sous leurs doigts, comme si elles le réincarnaient

Avec une prudence rusée

L'exquis contact des épidermes ?

Ou bien un piège, parce qu'en restant attaché, il se transformait en présence offerte et disponible

Il se réjouissait de la consistance que son corps avait encore

Il soupira profondément comme s'il regrettait ce qu'il était et ne pouvait déjà plus être

Toute son énergie était tendue

Une incitation à la passivité, une tentative d'incorporation tendre et fervente

Le désarmant, le transformant en objet, le chosifiant, le cernant à l'intérieur des limites de son pur être présent

Agité dans l'agitation

Exposé à leurs regards, abaissé à l'inertie, pétrifié, dans l'expectative

Il se rappela certaines allusions phalliques qui apparaissaient dans *La lozana andaluza*

Pilule, pendule, battant de cloche, râpe, le tu-me-comprends, feuille de cactus, haricot, gros, pie, chalumeau, chose, matou, poisson, mandragore

La jouissance de la forme pure

La Lozana disait que quatre choses devaient être souvent communiquées, sinon elles ne valaient rien

Le plaisir et le savoir et l'argent et le con d'une femme

Son corps n'avait pas eu une croissance naturelle (aristotélicienne), mais une construction mécanique ou un système d'énergie, une fabrique de haute énergie

Il n'était pas composé d'organes, mais de partics individuelles infiniment petites, et chacune d'elles était à son tour composée de façon complexe

Il n'était pas un morceau de matière inerte, ou une simple localisation dans l'espace, mais une unité d'énergie intense, définie par un *ratio*, comme aurait dit Spinoza, ou une certaine relation de mouvements et de repos

Les unités d'énergie ou les parties qui constituent le corps nous relient à d'autres corps, et ce qui constitue la forme d'un individu consiste en une union de corps

Ces trois femmes se collant contre lui plus ou moins immobile, chacune d'elles à une vitesse différente mais toujours en rapport, se rapprochant et s'éloignant

Salivant, affamées, le bécotant comme si elles allaient l'engloutir

Systèmes complexes d'énergie en interaction complexe avec d'autres systèmes d'énergie

Spinoza disait que ce qui constitue la forme de l'individu consiste en une union de corps

Le léchant comme pour jouer à le dévorer

La physique spinoziste, comme celle de Whitehead, était dialectique, elle se dirigeait contre l'Erreur de la Position Simple, la notion que si c'est *ici*, ce n'est pas *là*, si c'est dedans, ce n'est pas dehors

Whitehead disait que la réalité était unification

Que la réalité n'était pas la matière, mais un ensemble d'événements qui étaient unifiés, une réunion du *ici* et du *là*, du sujet et de l'objet dans une unité

Le lubrifiant

Les femmes sortaient et entraient à tour de rôle, elles parlaient, et le malheureux n'avait même aucune idée de leur sujet de conversation

Il avait un besoin congénital d'excès, d'extravagance, d'exa-
gération

Il s'étonnait de ne pas savoir comment elles étaient, d'avoir
rencontré une femme dont il ne savait pas le nom et qui
affirmait avoir partagé un passé avec lui

Le suçotant

Des mains parcourant le sommet de ses cuisses

Plongées sur lui

Une évocation ridicule, apocalyptique et grotesque de la
volupté

Elles le redressèrent avec des coussins et lui donnèrent à boire
du chocolat chaud, épais, à l'espagnole

De ces infirmières si consciencieuses, il ignorait aussi le nom

Épiméthée introduisit parmi nous une femme dont le nom
signifiait *donneuse de tout* ou *don de tous*

Chez les Aztèques, le chocolat était considéré comme un
aphrodisiaque

Moctezuma en buvait toujours avant d'entrer en interaction
avec ses six cents maîtresses

Je ne suis pas où tu es, je fais naufrage où tu tressailles, tu
n'aurais pas de vision claire ni de perception nette de
moi, je ne suis donc rien dans les termes que tu peux
comprendre

Multiplier les voix en soi-même, s'exprimer à travers d'autres
corps, d'autres économies pulsionnelles

Se tromper dans le rythme d'une phrase, c'est se tromper dans
le sens d'une phrase, nietzschéisa-t-il

Délicatesse des mains qui le caressaient plus qu'elles ne le
lavaient

Ce qui restait de son corps

Humilié là, disloqué

Être mangé, être sacrifié

Être consumé par le chagrin, la maladie, la mort

Parler à partir d'une pulsion-limite, d'une pulsion sans objet

Les Grecs nommaient *pleonexia* le fait de désirer insatiable-
ment plus que ce qui est dû

Il se sentait comme dans le monde de ses illusions au milieu
d'un rêve ou d'un délire

Au désir, il manquait un visage

Éros était une force sans forme préétablie et capable, par conséquent, de toutes les assumer

Ses trois hôtesses changeaient constamment d'aspect, en
ordre, non parce qu'elles constituaient le groupe le plus
monstrueux imaginable, le plus plastique, le plus affairé,
déformable et additionnable

Elles développaient à l'extérieur du temple génital un foyer
voluptueux

Elles riaient pendant la montée de l'excitation

Espace courbe dans lequel les relations les plus inattendues et
les rencontres les plus paradoxales étaient possibles à
chaque instant

L'amour était alors une capacité métaphorique

Il ne savait pas très bien de quoi il jouissait, si c'était de la
tension ou de la décharge ou de l'apaisement ou du fait
de se soustraire au danger

Des rires nerveux, des onomatopées, presque des grognements

Elles n'étaient guidées que par le caprice et la soif inextin-
guible qui semblait les éveiller

L'accès aux mots l'avait rendu interdit

Les territoires délimités de la douleur et du plaisir, de la conscience et de l'opacité étaient confondus, tout se mêlait et
se confondait

Son corps était un carrefour de trajets, de pulsions, d'émulsions, de messages qui n'avaient pas de sens, mais qui ne
cessaient d'être émis à un rythme toujours plus vertigineux

Les signes crépitaient, proliféraient

Des signes dans lesquels il n'y avait rien que le chaos et de la
matière en fusion

Il se demanda si, dans la pièce, la lumière était allumée ou
éteinte

Au lieu des serviettes humides, il sentit bientôt des lèvres, une
langue, une bouche

Quand il était enfant, sa grand-mère lui répétait que, suivant
leur destinée, certains naissaient sous une bonne étoile et
d'autres naissaient sous une mauvaise

Pour sa part, il faisait partie des chanceux et, tout au long de
sa vie mouvementée, chaque fois que quelqu'un lui avait
fait du tort, il avait peu après subi un terrible châtiment

Celui qui ne tombait pas du haut d'un édifice se trouvait dans
un avion qui explosait, il tombait de cheval, attrapait le
sida, perdait son emploi, tombait du balcon, se faisait
écraser, on trouvait de la drogue sous un siège de sa voiture, il se faisait mordre par un serpent à sonnettes ou
était atteint par une balle perdue

Plutarque raconte que les accusateurs de Socrate furent condamnés à l'ostracisme, que les Athéniens refusaient
d'aller aux bains avec eux

Selon le récit de Diogène Laërce, peu de temps après la mort
de Socrate, la Cité condamna Mélitos à mort, exila
Anytos et Lycon, et érigea une statue de Socrate, en
bronze, qui coûta très cher et fut sculptée par le grand
Lysippe

Triste devant la tristesse, mélancolique devant la mélancolie,
tragique devant sa tragédie

Camus conclut son essai sur Sisyphe en affirmant que nous
devions le considérer comme heureux

Il renaîtrait toujours de sa propre mort

De quel côté tout allait-il pencher, se plier ou se replier ?

Dans quel sens pourrait-il aller ?

Comment pourrait-il aller ?

Son cerveau était le lieu où tout arrivait, doutait et s'orientait

La vie devrait être comme le Phénix

Le rêve n'avait pas de fin, l'état de veille, pas de commencement

9

Les particules élémentaires et une certaine volonté de nuit

Le temps est pénétré de silence

Sa vie oscillait dans une sphère de silence et d'égarement

Silencieusement, un jour avançait jusqu'à l'autre, et chaque jour passait inaperçu comme si on l'avait mis là en le sortant de l'obscurité et du néant

Silencieusement, les jours avançaient à travers les semaines

Ils avançaient au rythme du silence

Le contenu d'une journée pouvait être bruyant, mais sa venue avait toujours lieu en silence

Ce n'était pas la proportion des heures chaque jour égales qui rapprochait les journées entre elles, c'était plutôt la même mesure de silence avec lequel elles advenaient

Silencieusement avançaient les saisons d'une année

Le printemps ne venait pas de l'hiver, il venait du silence, d'où venaient aussi l'hiver et l'été et l'automne

L'évolution se fondait sur les contingences et elle était ponctuée par des apocalypses imprévisibles

La nuit, les djinns chevauchaient des montures horribles et les femmes qu'ils violaient restaient épileptiques

Il priait pour que les archers errants des ténèbres ne l'attaquent pas, pour que les lions de la nuit ne le dévorent pas

Dans les dernières années de sa vie, Flaubert se retrouva bientôt dans une solitude sans fin, épuisé par sa marche obstinée vers une destination inconnue

Et il découvrit qu'il était à la fois *le désert, le voyageur et les chameaux*

Le temps présent n'existait pas en hébreu et il n'existait pas non plus pour les scientifiques

Il se sentait être en même temps l'obscurité, ses liens, son bandeau, son impuissance et ses ravisseurs sans visage

L'infiniment bref aurait voulu être équivalent à l'infiniment petit, mais la brique fondamentale du temps n'existait pas

Il n'était pas possible de trouver l'infiniment bref, l'essence même du présent, il n'était pas possible de le fixer ni de le mesurer

Grammaticalement, on avait raison de laisser le présent en un temps mort

La langue hébraïque disait beaucoup par omission

Perdre était une option profonde de désaccord avec le Système, l'Ordre et avec la Vie

Le perdant est toujours, d'une certaine façon, celui qui ne s'est pas soumis

Celui qui lutta pour une indépendance viscérale, se retrouvant souvent seul, détruit

Depuis James Dean, depuis Jim Morrison, depuis River Phoenix, *perdre* était une possibilité formidable

Notre vie, disait Bergamín, est une expérience perplexe et extasiée du temporel

Le silence immense, comme s'il ne pouvait exister autre chose, comme s'il n'y avait que le silence

Pour Aristote, disciple de Platon, le temps, le mouvement, l'éternité et le changement se transformèrent en concepts qu'il fallait analyser et penser sérieusement

Nous mesurons le plus et le moins au moyen des nombres, affirmait-il, le mouvement majeur ou mineur

Nous le mesurons au moyen du temps, d'où il s'ensuit que le mouvement majeur ou mineur le serait numériquement, donc le temps est précisément cela, le nombre du mouvement par rapport à l'*avant* et à l'*après*

À l'instar de Platon, Aristote considérait le mouvement et le
    changement comme des aspects inférieurs de la réalité
Le mouvement linéaire est périssable, puisqu'il doit prendre
    fin, et être par conséquent toujours imparfait
Le mouvement circulaire, par contre, en n'ayant ni com-
    mencement ni plan défini, est impérissable, et donc réel
Le mouvement rotatoire est donc antérieur et supérieur au
    temps linéaire
Il ne savait pas si c'était le jour ou la nuit, tard ou tôt, jeudi ou
    vendredi
La prétention pythagoricienne selon laquelle toutes choses pro-
    cèdent des nombres fut critiquée dans la *Métaphysique*
Aristote soutenait que le nombre — n'importe quel nombre en
    général ou ceux d'éléments abstraits — ne peut être la
    cause des choses, ne peut non plus former la matière ni
    être la cause finale de rien
Comment seraient les nombres des attributs *blanc*, *beau*, *doux*,
    désirable ou *chaud*?
Le temps, selon la définition donnée dans sa *Physique*, n'est
    pas un type quelconque de nombre dans le sens pythago-
    ricien, mais il est bien davantage *cet aspect du mouve-
    ment* par lequel il est mesurable
Le nombre du mouvement aristotélicien n'est pas une défini-
    tion du temps, mais une explication de l'opération de la
    mesure du temps
La temporalité adhère à elle sans crier gare par l'introduction
    de l'avant et de l'après
Le temps aurait alors un rythme, mais non une direction
Nous sommes avant et après la chute de la grande Tenochtitlán
L'obscurité se transformant constamment en une nouvelle
    obscurité
Héraclite et Bergson réduisirent le temps à la venue à l'être, et
    d'autres, à leur tour, le réduisirent au fonctionnement de
    la pensée
Les idées philosophiques grecques sur le temps et l'idée hé-
    braïque du temps comme histoire se mêlèrent à un mo-
    ment quelconque entre le Ier siècle avant Jésus-Christ et le
    IIe siècle de l'ère chrétienne

Bernstein observa que l'intuition était l'intelligence qui commettait un excès de vitesse

Ses sens demeuraient éveillés, mais ils ne recevaient plus les impressions de l'extérieur

Seulement une sensation angoissante, dense, interminable de désorientation

Il éprouvait une sensation de chaleur et il avait l'impression qu'on lui faisait une transfusion de sang

Comme si un métal liquide courait dans ses veines

Ken Kesey mourut d'un cancer du foie à l'âge de soixante-six ans

Ivre de voix intérieures, de pensées

George Gershwin et Arnold Schönberg jouaient souvent au tennis

Effrayé, blessé, vaincu, inquiet

Dans l'obscurité, mais avec la sensation d'être le centre d'une infinité d'activités, de craintes, de soucis, d'attentes

Ses désirs étaient les désirs d'un individu, non ceux d'une classe sociale

La privatisation avait été plus révélatrice que les rapports de production

L'hédonisme et le psychologisme s'imposaient davantage que les programmes et les formes d'actions collectives

Son narcissisme faisait écho à cette culmination de la sphère privée

Il n'était ni le décadent, ni le pessimiste de Nietzsche, ni le travailleur opprimé de Marx

Il était bien davantage un téléspectateur dans l'impossibilité de goûter, par curiosité, à toutes les émissions, l'une après l'autre, de cette nuit si longue

Un consommateur qui ne pouvait remplir son chariot dans aucun supermarché

Émotionnellement anémique

Caractérisé uniquement par sa *vulnérabilité*

Mélange flottant du sens et du sensible

Replié sur lui-même, sans exhibitions romantiques, sans monter sur ses grands chevaux

Il vivait sur un baril de poudre

De la lutte des classes, il était passé à la lutte de tous contre tous

Notre vie est une expérience perplexe et extasiée du temporel, bergaminisa-t-il

Même s'il existait au moins dix ou onze dimensions de l'espace, et même davantage, il n'en existait qu'une pour le temps

Tout porte le temps, tout *vieillit*, à une seule exception près, les particules élémentaires

Être soumis au temps signifie qu'il y a transformation, évolution

Tout ce que le temps touche s'use et s'annihile

Mais les particules élémentaires n'évoluent pas, elles ne se transforment pas

On n'a jamais vu mourir un électron ou un neutron

Dès qu'une forme devient obsolète, dès que le corps a accompli son temps, les particules qui le constituent se libèrent et se tiennent prêtes pour une nouvelle aventure, une forme inédite

C'est la matière imperturbable, trop lisse pour qu'on y adhère, que le physicien observe avec fascination, ou qu'il essaie plutôt d'observer, car, à ce niveau, la *réalité* est inaccessible

Les yeux secs, l'estomac vide, la tête enflammée, le cœur fendillé

Huit personnes seulement assistèrent aux funérailles de Robert Musil

Quand les nazis occupèrent Paris en juin 1940, Staline fit, en signe de fête, flamber les drapeaux sur les édifices publics de Moscou

Entre le 9 et le 13 juillet, deux millions de personnes, dont Walter Benjamin, fuirent vers le sud

Ses biographes racontent que, après bien des efforts et des retards, il avait réussi à se procurer un visa pour les États-Unis et qu'il tentait de traverser une frontière

À Marseille, en septembre, il partagea avec Koestler sa provision de morphine, *suffisante pour tuer un cheval*

Le matin du 26 septembre, il partit avec un petit groupe pour passer en Espagne

Ils arrivèrent à la frontière après douze heures de marche pénible, mais on l'avait fermée justement ce jour-là et les visas n'étaient plus valides

Pendant la nuit, Benjamin s'empoisonna

Le lendemain matin, il fit appeler une amie et lui donna une courte lettre pour Adorno

Ensuite, il perdit connaissance

Après différentes négociations, ses compagnons réussirent à traverser la frontière

Son amie fit inhumer Benjamin dans le cimetière de Port-Bou

Quelques mois plus tard, Hannah Arendt chercha en vain sa tombe

Le cimetière donne sur une petite baie, directement sur la Méditerranée

Il est fait de terrasses excavées dans la pierre, et les cercueils sont également placés dans ces blocs de pierre

C'est, de beaucoup, l'un des lieux les plus fantastiques et les plus beaux que j'ai vus de toute ma vie, dit Arendt

Des années plus tard, une tombe isolée des autres apparut, avec le nom de Walter Benjamin gravé dans le bois

Selon Scholem, il s'agissait d'une invention du gardien du cimetière, avide de pourboires

C'est vrai, l'endroit est beau,

mais la tombe
est apocryphe

Tremblements, incertitude, confusion, faiblesse, flou

Sa réalité oscillait entre un pôle de solitude et un autre de diversité

Nicolas de Cuse analysa la doctrine traditionnelle du principe de la non-contradiction

Il ne pouvait être vrai qu'en étant attaché, les yeux bandés, il soit libre

Dans la géométrie, l'arc d'une circonférence coïncide avec une corde quand ils sont tous deux de dimensions minimales

Dans les mathématiques, les séries infinies peuvent avoir des limites finies

Son livre *De docta ignorantia* indique le rang que l'esprit occupe dans sa philosophie

L'esprit tente d'éviter la connaissance qui pourrait le conduire à l'irrationnel, et se dirige en revanche vers l'intelligence

En soutenant que la courbe coïncide avec la ligne droite et l'état de repos avec le mouvement

Bien, comment pouvait-il être allongé, ligoté, les yeux bandés, affaibli, et sentir toutefois qu'il était en mouvement?

Saint Augustin, Averroès, Thomas d'Aquin, les scolastiques moins connus et Nicolas de Cuse représentaient le travail intellectuel et spirituel de la chrétienté médiévale

Ils croyaient du moins dans le destin imprévisible de l'être humain

L'artiste n'était pas seulement le malade et le médecin de la civilisation, il en était aussi le pervers

Il remarqua qu'une sirène hurlait de façon permanente à proximité

Jan Baptist Van Helmont, chimiste, physiologue et médecin passionné d'alchimie, affirmait que le temps n'avait pas de parties et que, par conséquent, il n'était pas divisible

Il s'ensuivait qu'il n'était pas de nature successive

Il était indépendant du mouvement et représentait la relation entre le créateur et sa créature

Il devrait se mesurer par les processus de la vie, et non la vie par des unités abstraites

Chaque maladie, chaque malaise a son rythme et sa durée spécifiques et il faudrait étudier ces paramètres temporels

Il pensa au lit de Little Nemo, auquel il poussait des pattes et qui allait se balader dans les rues

Son corps était agité de soubresauts

Il sentit qu'on lavait une de ses jambes

Sensation suprême d'exténuation

Kafka était végétarien

Sa respiration était légèrement agitée

Newton disait que le temps absolu, véritable et mathématique coulait uniformément et par lui-même et par sa propre nature, sans relation avec aucune autre chose

Leibniz le contredit, affirmant que les instants vus sans les choses n'étaient rien dans l'absolu, puisque le temps ne pouvait exister indépendamment des corps

Dans le système de Laplace, bien que l'univers fût totalement déterminé, pour savoir ce qui allait se passer, il aurait été nécessaire d'avoir une description complète du passé, impossible à obtenir

Le big-bang n'est peut-être pas le commencement de l'univers, mais il est le début de notre possibilité de parler de l'univers

Personne ne savait très bien ce qu'était le nirvana

Son concept est plus complexe que celui de notre paradis

Dans le nirvana, il n'existe plus de conscience

Il n'existe rien

Le temps s'est incliné devant le dharma accompli

Il se sentit agité de soubresauts

Quelque chose comme le ressac du sang, le vampirisme tapi dans la respiration, une certaine agonie

Même si, quand il s'agissait de suspendre un tableau au mur, il fallait suivre la géométrie euclidienne et non celle de Lobatchevski

Et si l'on se demande à quelle heure arrive l'avion d'Air France qui a quitté Paris à sept heures, il faut penser avec le temps de nos montres et non avec le temps intérieur de Bergson

Il voulait ouvrir les yeux et il ne comprenait pas pourquoi, parce qu'il ne pouvait les ouvrir depuis des semaines

Le bruit de la sirène qui ululait

Goya eut dix-neuf enfants avec une seule épouse

Au lieu du temps absolu, Leibniz proposait de comprendre le temps comme un ordre de succession ou un rapport d'événements survenus dans un monde de corps coexistant dans l'espace

Les territoires délimités de la douleur et de la conscience se confondaient

Il voulut se caler pour dormir un peu plus, mais il remarqua que le lit était devenu plus dur

Son corps était un carrefour de trajets, de pulsions, d'émulsions, de messages qui n'avaient pas de sens, mais qui ne cessaient d'être émis à un rythme toujours plus vertigineux

Il sentit de nouveau des mains féminines qui semblaient lui caresser les jambes

La théologie rationnelle de Giambattista Vico semblait être guidée vers un but final par les pouvoirs de la Providence, même contre sa propre volonté

Sa *providence* faisait partie d'une catégorie de lois sociales considérées comme directrices de la communauté humaine

Cette catégorie de lois était constituée de plusieurs membres

Comme les lois du forum de Bacon

La main invisible d'Adam Smith

La ruse de la raison de Hegel

La finalité de l'évolution de Kant

Le matérialisme dialectique de Marx

L'entropie

Des signes qui crépitaient, qui proliféraient, palpitaient

Il sentit qu'on caressait une de ses tempes avec un linge légèrement humide

Kant avança l'hypothèse selon laquelle l'idée du temps ne serait pas quelque chose d'abstrait pour l'expérience sensible, mais qu'il serait présupposé par cette expérience

Mais, si on pouvait glisser un linge humide sur son front et ses tempes, qu'était-il advenu du bandeau ?

À travers ses paupières closes, il ne voyait plus l'obscurité, mais une surface rouge

Il se rappela une vieille métaphore indienne à propos de Krishna

Ce mot veut dire *noir*

Si nous allumons une bougie dans l'obscurité, la flamme dessine un cercle de lumière qui reste entouré par le noir

Si l'on ajoute une puis deux bougies, le cercle s'agrandit

Si l'on allume cent mille bougies, si on les échange contre un soleil, mille soleils, cent millions de soleils, le cercle de lumière devient prodigieusement immense, mais il sera toujours entouré par les bras noirs de Krishna

Extraordinaire élasticité de l'ombre

Le rouge qu'il regardait était son propre sang

Il sentit qu'un linge nettoyait ses cils, qu'une chassie avait sûrement englués

Il ouvrit un peu les yeux et crut se trouver dans un placard

La première chose qu'il vit fut une aiguille, plantée dans son avant-bras, qui conduisait un liquide blanc dans ses veines

Ensuite, il remarqua qu'il ne portait plus ses vêtements en lambeaux, mais une blouse de coton blanc, sûrement agrafée dans son dos

Plus tard, il vit qu'une infirmière continuait à laver une de ses jambes, qui portait encore des traces de sang

Et il vit enfin, tout près de lui, le visage jeune et basané, sans maquillage, d'une autre infirmière qui lui disait qu'il avait une terrible infection à un œil, mais rien dont la pénicilline ne pourrait venir à bout

En trois ou quatre jours, il serait comme neuf, lui dirent-elles avec un sourire de travers

La sirène résonnait au-dessus de lui

Il était dans une ambulance qui était en ce moment secouée

Au mieux, le sérum l'avait fait rêver au chocolat à l'espagnole, et les infirmières qui le nettoyaient, aux gardiennes qui le lavaient

Je suis blessé ?

Il ne reconnut pas sa voix

C'était la première fois depuis plusieurs jours qu'il parlait à voix haute

Je suis grièvement blessé ? répéta-t-il

Non, dit l'autre femme, mais une jeune fille est tombée morte sur toi et quand nous t'avons ramassé, tu étais plein de sang

Une jeune fille morte ?

Quand nous sommes arrivés, on entendait encore des coups de feu, mais il semble qu'ils les ont tous tués

Qui, tous ?

Vraiment, je ne le sais pas, mais nous pourrons le lire demain dans les journaux ou le voir cet après-midi à la télévision

Il crut sentir la confusion, des personnes qui couraient, des coups de feu, des voix, des cris

Où m'amenez-vous ?

À l'hôpital de la Croix-Rouge

Qu'est-ce que je vais faire là ?

Pour commencer, tu es anémique et tu as besoin de récupérer, sans parler de cette infection oculaire

Et pourquoi m'a-t-on sauvé, moi ?

Vraiment, je ne le sais pas, mais peut-être parce que, comme tu étais le seul qui était attaché avec les yeux bandés, tu n'aurais pas pu participer à la fusillade

Elles préparaient une seringue

Ils me gardaient séquestré

Pas possible !

Bien, je pense, je pense plutôt

Il essaya de bouger les doigts, et il y parvint à peine, avec beaucoup de difficulté

Elles lui firent une injection

Il regardait l'intérieur de l'ambulance qui roulait à une vitesse modérée sur une voie rapide

Où se trouvait la maison d'où vous m'avez sorti ?

Vraiment, je ne le sais pas, vers Xochimilco, ça ressemblait à un *rancho* abandonné

Quel jour sommes-nous ?

Lundi, le 10 septembre 2001

Le 10 septembre, marmotta-t-il, et il compta à rebours sur ses doigts, il se rappela le jour de son arrivée à México, qui était le jour de la remise du prix, de la cérémonie et de l'enlèvement

Vingt-sept, vingt-huit jours avaient passé depuis le 14 août

Voulait-il appeler quelqu'un de sa famille?

Elles lui tendirent un téléphone cellulaire

Non, merci, j'appellerai de l'hôpital, j'ai besoin d'un annuaire

Il devait téléphoner à la Maison d'édition, retrouver ses choses, tout mettre en marche

Il ne connaissait pas par cœur le numéro de téléphone de sa femme

Où pouvait-elle être?

Le bruit de la sirène lui perçait les tympans

Quelle heure est-il?

La plus jeune des infirmières consulta sa montre et dit: Dix heures quarante-sept du matin

Chaque nouvelle secousse du véhicule se faisait sentir avec plus d'énergie

Rilke écrivait debout

Lewis Carroll écrivait debout

Thomas Wolfe écrivait debout

Hemingway écrivait debout

Les mots sont des parasites, disait Lacan

Vous avez un peu de fièvre, dit l'une des infirmières

Prenez ceci, c'est un antibiotique, dit l'autre

Vingt-sept jours, vingt-huit jours, dix-neuf émissions de Cristina

Quel temps fait-il?

Doux, et il pleut toujours l'après-midi

La longue phrase de sa vie

Dans le cinquième volume d'*À la recherche du temps perdu*, il y a une phrase qui, mise bout à bout, mesure presque quatre mètres, suffisamment pour entourer dix-sept fois la base d'une bouteille de vin

Jacques Madeleine, conseiller littéraire de la maison d'édition Fasquelle, souligna qu'à la fin de la page 4 et à la page 5 du manuscrit de sept cent douze pages, il y avait une phrase qui s'étalait sur quarante-quatre lignes

Quelle signification avaient toutes ces pages ?

Quel était leur sens ?

Où nous amenait tout cela ?

Tu n'as pas besoin de sortir de chez toi, disait Kafka

Reste à la table et écoute

Ou n'écoute même pas, attends seulement

Ou n'attends même pas, reste totalement muet et seul

Le monde t'apparaîtra pour que tu le démasques, tu ne peux rien faire d'autre, disait Kafka, et, en extase, il se contorsionnera devant toi

Il y avait un panier plein de gazes ensanglantées

Et ça ?

Tu en étais couvert

Ton amie était par-dessus toi

Comme la comtesse Báthory, pensa-t-il, qui se baignait dans le sang de ses jeunes victimes

Et quel genre de femme ?

Qu'entends-tu par *quel genre ?*

Vieille, grosse, jeune, jolie ? demanda-t-il

L'infirmière la plus âgée lui lança un regard suspicieux et dit qu'elle devait avoir environ dix-huit ans et qu'elle était nue et qu'il y avait une corne de chevreau tout près

On lui a tiré à peu près trente balles, dit l'autre

Et à côté de la salle de bains, il y avait une autre fille nue

Il devait faire très chaud, renchérit celle qui était la plus proche

Selon l'idée que Trotski avait de la révolution permanente, la violence politique doit se justifier à chaque seconde de son exercice pour se distinguer de la criminalité

Hegel était dans Sade, disait Bataille, puisque, dans un état endémique, l'histoire de Juliette développait une phénoménologie de l'esprit

L'ambulance ralentit, s'engagea dans une rue à droite, avança un peu et pénétra dans un garage couvert

On ouvrit les portières et quelques jeunes avec des tabliers bleu pâle sortirent la civière sur laquelle il était allongé et l'amenèrent à une chambre très grande, divisée par des draps suspendus à des cordes

En 1992, le cardinal O'Connor proposa que soit érigé dans chaque diocèse de l'Amérique du Nord un monument à l'enfant non né analogue au monument au Soldat inconnu

On l'installa dans un lit, et l'infirmière qui lui nettoyait le visage dans l'ambulance vint arranger le poteau avec le sérum et vérifia que ce dernier coulait toujours

On allait lui apporter un petit bouillon de poulet, ironisa-t-elle

Une truite avec une sauce amandine, un *soufflé** au fromage, des rougets grillés

Il se sentit frustré de ne voir là personne de la Maison d'édition, personne de sa connaissance, aucun journaliste

Il aurait aimé que sa femme soit là, à l'attendre

Ou la confondait-il avec sa maman ?

Serait-il détenu ?

Simone de Beauvoir mourut d'une pneumonie

Il sentait ses paupières lourdes

D'après ce qu'il parvenait à voir du paysage extérieur, le ciel était gris, bas, sombre, et il allait pleuvoir

Il sentait presque bouger son esprit

Ce qui manquait de sens prenait un sens

C'était comme s'il venait de se réveiller

Romain Rolland mourut de tuberculose

Aventures et malheurs se dissipant

La catastrophe, c'était de former des habitudes

Personne ne venait lui demander son nom

Savait-on qui il était ?

Nous sommes tous inquisiteurs et victimes

Assaillant insatisfait de la *praxis*

Son cœur grandissait

Demain, que seraient toutes les réalités comparées aux mirages auxquels il venait de survivre ?

Sa vie avait deux trajectoires, une linéaire et irréversible, celle du vieillissement et de la mort, et l'autre, elliptique et réversible, celle d'une révolution des mêmes figures, en accord avec un enchaînement non marqué ni par l'enfance, ni par la mort, ni par l'inconscient, et qui ne laissait rien derrière lui

Cet enchaînement ne cessait de croiser l'autre et effaçait parfois d'un seul coup ses traces

Tout le monde vit au moins trois vies, écrivit Thomas Bernhard, l'une réelle, l'autre imaginaire et une autre *non perçue*

Kraus observa qu'il s'était formé dans le monde un nouveau corps astral composé de fragments de phrases, de coquilles d'images vagabondes, de fragments d'accents

Une sorte de cape immobile recouvre la Terre

Et tout mouvement du langage est fondamentalement une tentative laborieuse de respirer sous cette cape en essayant de la déchirer

Tout le mouvement de ce lieu lui faisait penser à une infirmière de l'hôpital Sunrise de Las Vegas, au Nevada, qui, pour distraire le personnel, créa un Casino de la Mort où les employés pouvaient parier sur le moment où allait s'éteindre la vie des patients

Il avait lu que tout le monde se mit bientôt à jouer, médecins, infirmières, assistants

Partant de quelques dollars, les mises atteignirent des centaines de dollars

L'on manqua bientôt de moribonds

Après avoir été empêché de voir pendant vingt-huit jours, il en était maintenant capable et n'avait envie que de fermer les yeux et de retourner à son obscurité

Il voulait téléphoner à la Maison d'édition, mais il avait besoin d'un annuaire

Vingt-huit jours sans bien manger, sans rien savoir de lui-même, sans lumière

Vingt-huit jours comme les mille et une nuits

Il n'avait ni argent, ni carnet de chèques, ni carte de crédit

La lumière lui faisait froncer les sourcils

Les limites entre l'admissible et l'inadmissible, le passé et le présent, la liberté et l'emprisonnement, la nuit et le jour, le dedans et le dehors, restaient floues

Le monde immuable, même si les ombres semblaient se contracter, s'étendre, s'allonger de nouveau

La plus grande victoire possible, disait Rilke, c'est de survivre

Musil disait que le malade était celui qui avait une seule maladie, tandis que la personne en bonne santé avait tendance à les avoir toutes

Ernst Weiss parle, en s'appuyant sur Nietzsche, d'une *volonté de nuit* comprise comme une tendance générale régressive à éteindre la lumière, à s'allonger, à se détendre

Lacan définissait l'impossible comme ce qui ne cesse de ne pas s'écrire

L'impossible à dire comme cause de tout ce qui se dit, cherche à se dire, échoue à se dire, s'épuise à se dire

Que pouvait faire maintenant la pensée ?

Se cacher, murmura-t-il

Et il ferma les yeux

Table

DANGER

LE
PHOTOCOPILLAGE
TUE LE LIVRE

Cet ouvrage composé en Times 12 sur 14
a été achevé d'imprimer en novembre deux mille cinq
sur les presses de
Quebecor World, Lebonfon (Québec), Canada.